本书得到国家社科基金项目"半导体产业全球供应链调整及我国应对方略研究"（23BGJ043）、国家社科基金项目"中国能源安全链的构建与能源话语权提升研究"（18CGJ034）、教育部规划基金项目"美国国家安全视域中的全球供应链调整与中美贸易摩擦研究"（21YJAGJW003）、2021年山东省高等学校"青创人才引育计划"——"数字经济与国际分工重构研究创新团队"、山东省社科基金项目"山东省制造业服务化转型升级的机制及路径研究"（21CJJJ2）等项目的支持。

中国制造业参与全球价值链分工地位动态变化及影响因素研究

杨 启 ◎著

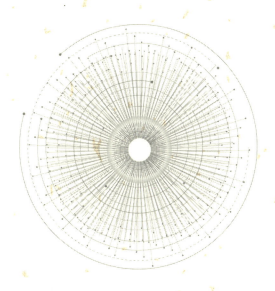

Research on Dynamic Change and Influence Factors
of China's Manufacture Industry Division Status Along
GLOBAL VALUE CHAINS

中国财经出版传媒集团
经济科学出版社
Economic Science Press
·北京·

前　言

2023 年是中国改革开放 45 周年，中国经济发展取得了举世瞩目的成就。近十年，国内生产总值增加近 70 万亿元，年均增长 6.2%，制造业增加值占 GDP 的比重达 27.7%，"制造大国"成为中国经济发展的重要标签。中国制造业凭借着自身的优势，已经达到年增加值 8.4 万亿美元（2022 年），是美国的 3 倍、欧盟的 2.52 倍。但中国制造业参与全球价值链分工依然存在依赖人口、资源优势等逐渐消减、发展不平衡不充分问题突出等情况。因此，本书为解决这些问题，着力对中国制造业在全球价值链分工的地位和动态变化情况进行研究和分析。本书融合了内生经济增长理论、全球分工理论、产业升级理论，结合 WIOD 数据库和 WWZ 分解模型分析了中国制造业参与全球价值链分工模式和地位及影响因素，并深入企业异质性视角进行研究。本书的研究对进一步丰富和完善全球价值链理论具有十分重要的意义，对中国制造业发展如何寻求突破、如何在全球价值链分工中占有越来越重要的地位、如何迈向高质量发展新阶段等提供了参考和借鉴。

本书主要依托以下思路和方法开展具体研究分析：一是立足全球价值链理论和内生经济增长理论，依托全球价值链分解方法（WWZ 分解法），结合 WIOD 数据库 2000～2014 年数据，从分解、分工、地位的角度，对中国制造业的国际地位和变化进行分析，通过具体数值表现其所处地位和国际分工参与程度，同时，在时间轴上考量地位的变化情况和变化规律，并进行代表性国家制造业和细分行业 GVC 的分工和地位的比较分析。二是采用理论模型推导的方式，探究为取得更高级、更高利润率的分工所要遵循的机制，以及中国制造业参与 GVC 分工的地位升级机制。三是采用动态和静态面板回归分析相结合的方法，梳理影响中国制造业在全球价值链中所处地位的具体因素及作用机制。四是以前文的实证研究为基础，立足制造业企业的角度，分析异质性视角下中国制造业企业在全球价值链中的位置如何，并对影响因素进行实证分析。

总体来看，本书有以下创新之处：一是在前人关于制造业全球价值链地位的研究基础上，研究了多个层次的内容：沿袭前人的研究，分析全球价值链分工程度和地位动态变化；展开制造业全球价值链地位变动影响因素的综合分析，采用静态和动态面板数据模型分析对中国制造业所处位置及未来地位升级的关键影响要素。二是对中国制造业全球价值链分工程度和地位进行了细化分析，应用全球价值链分解指数（WWZ 分解方法）将贸易增加值分解为国内增加值、国外增加值和重复计算部分等二级细分，并展开了三级细分，较前人的研究更为深入和细化，更为准确地测算出了中国制造业所处的世界地位。三是不仅有对制造业相关细分行业的研究，并且还对中国企业嵌入全球价值链的位置进行准确测度，并对影响微观企业价值链位置提升的影响因素进行实证分析，做到论述既集中于宏观，又落实到微观。因此，本书在"中美贸易摩擦"背景下，对于中国制造业提升自主创新能力、增加对国际分工地位的客观认识具有现实意义。

在写作过程中，本书参阅了国内外大量资料和文献，并援引了一些数据和图表，在此向有关作者表达真诚的谢意。

由于作者水平有限，书中难免有错误、疏漏之处，敬请批评指正。

杨 启

2023 年 10 月

目 录

CONTENTS

第 **1** 章

绪 论

1.1

研究背景与选题来源

1.1.1 研究背景

1. 改革开放 40 多年来中国制造业发展成就显著

为适应经济全球化趋势，走更加适合中国发展的道路，党的十九大报告明确提出了"两个加快"：一是进一步强调制造业主导地位的"加快建设制造强国"；二是进一步强调制造业转型升级重要性和迫切性的"加快发展先进制造业"。"两个加快"的提出，彰显了中国对于供给侧结构性改革的高度重视以及推动高质量发展的坚定决心。中国经济发展亟须实现"三个转变"，即制造向创造的转变、速度向质量的转变、制造大国向制造强国的转变，实现这三个转变的核心在于促进中国制造业进入高质量发展的全新阶段。

党的十九大报告提出的一系列新的发展要求是基于中国已经取得的巨大发展成就。特别是改革开放以来，中国的发展方式发生巨大转变、市场经济快速崛起、一系列重大改革举措得以实施，经济总量不断攀升，在短时间内发展成为全球第二大经济体。在年均 9.6% 的高速增长中，工业增加值贡献了 10.9%，制造业依然成为中国经济的重要标签。[①] 中国制造业在过去四十年的时间取得了快速发展，这充分证明了党的领导、改革开放、解放思想、创新发展的正确性，它们是中国创造世界奇迹的重要法宝。改革与开放同步前行、同频共振是中国制造业发展源源不竭的动力所在，也是中国制造业快速发展的强效机制。尤其是在中国市场化

---

① 资料来源：根据世界银行、智研咨询整理。

进程和对外开放的进程中，制造业作为起步最早、市场化程度最高、对外开放水平最好的产业和领域，不断为中国的对外开放之路开荒拓土，为其他产业的开放积累经济基础、提供经验借鉴。2017 年的数据显示，中国制造业领域实现完全开放的类别比例已经占据绝大多数，按照制造业大类、中类、小类进行统计，开放比例分别达到了 71%、93.3% 和 96.1%，这种开放程度，其他产业和其他国家都无可比拟。开放的结果是更好的发展，在 500 多种工业产品中有 200 多种工业产品的产量位居世界第一，制造业 GDP 在十年间翻了一番还多，[①] 图 1-1 列出了近年来中国制造业 GDP 变化趋势，可以看出，2022 年，中国制造业 GDP 总量已经达到 313831 亿元，充分体现了中国制造业的强大能量。在经济全球化的浪潮中，中国制造业大步走向市场、走向世界，与全球价值链分工与合作的大趋势相互辉映，为中国加快先进制造业发展奠定了坚实的基础，为中国实现"强国梦"带来了希望。

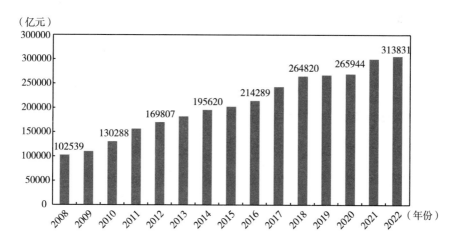

图 1-1 2008~2022 年中国制造业 GDP 变化趋势
资料来源：根据历年《中国统计年鉴》数据绘制。

---

① 资料来源：《增强制造业核心竞争力三年行动计划（2018—2020 年）》。

2. 中国制造业参与全球价值链分工的程度逐渐加深

2008 年，源于金融领域的经济危机在全球蔓延，世界经济遭受重创，大多数国家受其影响，经济发展放缓甚至出现负增长，经济波动幅度较大。近年来，随着经济危机影响的逐步消除，世界整体经济呈现复苏局面，部分国家快速发展，经济全球化趋势加快，国家之间更加重视取长补短，国际分工呈现前所未有的细致化和专业化状态。在这样的全球经济大背景下，开放合作是实现发展的必由之路。只有走出国门，在世界范围内寻找合作伙伴，从而弥补自身的资源等方面的劣势，不断降低成本，才有可能在发展中占得先机，中国的华为、中兴正是遵循这样的规律。但是这些企业在寻求国际合作、参与国际分工的过程中，都会着力保留核心技术，将自身价值链条中的非核心生产经营环节剥离，这样在不断创造和积累过程中产生了附加值，最终通过投资贸易转移到下一个环节，形成全球价值链（GVC）。每个国家积极参与和融入全球价值链，力争发挥优势，占有一席之地。

改革开放伊始，中国具有两大天然优势，一是数量庞大的劳动人口，二是分布在广袤土地上的储量巨大的自然资源，这两大优势成为经济发展的强大动力和支撑。随着改革开放的一系列政策不断释放和激发市场活力，中国成功融入全球价值链的体系之中，为制造业发展带来了良好的契机。全国制造业增加值由改革开放初的不足 600 亿美元，跃升至2009 年的 16113.2 亿美元，2018 年达到 38217.5 亿美元，从 2009 年到2018 年，10 年间制造业增加值增长了近 1.4 倍。40 年间，中国制造业增加值在世界上的地位呈现快速增长，到 2000 年，已经成功赶超了世界大部分国家，增加值上升到世界第四位，占全球比重达 6%；2007 年跃升至世界第二位，占全球比重达 12.3%；2010 年跃升为世界第一制造大国，占全球比重达 18.4%，2018 年增加值较 2010 年有所下降，但是占全球比重在逐渐上升，已经达到 28%（见表 1 - 1）。

表 1－1	2007～2018 年全球主要国家制造业增加值统计			单位：亿美元	

年份	世界	中国	美国	日本	德国
2007	93436.4	11497.2	18399.0	9967.9	7256.0
2008	101050.4	12756.6	18001.0	10795.4	7598.2
2009	92639.5	16113.2	18042.3	10016.0	6110.6
2010	104641.5	19243.2	18079.1	11875.0	6832.1
2011	116943.8	24213.7	18850.9	12109.1	7729.2
2012	119378.9	26900.9	19586.8	12239.9	7237.4
2013	121612.1	29353.4	20081.8	10020.8	7574.0
2014	126051.9	31842.4	20848.6	9570.5	8011.7
2015	121985.7	32504.2	21598.1	9106.1	7008.8
2016	123081.1	32250.6	21605.6	10417.7	7176.6
2017	132999.3	35909.8	21796.0	9810.6	7744.7
2018	136490.9	38217.5	23203.5	12284.2	8189.5

资料来源：根据世界银行数据库、国家统计局网站数据整理所得。

3. 全球价值链分工与中国制造业转型升级

中国制造业虽然取得了令世界瞩目的发展成绩，但作为全球价值链上的一环，时刻面临巨大的发展压力，一方面是发达国家唯恐被超越而采取的各种制约中国发展的经济政策和手段，另一方面是众多不甘落后的发展中国家想尽一切办法的追赶。经济的全球化和新技术的大量涌现，使得制造业不可避免地进入转型和变革时期。体现较为明显的就是进一步的战略整合和并购重组，一批跨国企业开展了对其他企业的整合趋势。在这个过程中，网络设备和网络技术的出现和迅速发展为制造业发展提供了技术基础，从设计到生产制造到销售，所有环节都发生了根本性变革。① 同时，制造业的战略布局也发生重大的变化，越来越多的发展中国家和跨国企业融入全球价值链中，各国制造业成长形态也发生了改变，跨国公司在全世界开展了新一轮的布局、整合与"洗牌"。但在制造业的全球价值链分工中，具有核心技术和话语权的企业，把控着上下游两端的研发、设计环节和品牌、销售等附加值相对较高的环节，放开了简单的零件装配等附加值较低的环节，这种现象被称作"微笑曲线"②。改革开放给中国经济带来了翻天覆地的变化，中国成功从经济薄弱的落后国家转变为经济大国和制造业大国，但是，从价值链分工的角度考量，中国的经济体量虽"大"，体质却不"强"，原因就在于，中国的发展更多还是依靠在价值链低端的微薄制造利润，无法掌握高利润的核心技术，因此，发展质量不高且容易受制于人。更应该重视的是，中国过去快速发展所依赖的人口优势、资源优势等正在逐渐消减，原本奔着这些优势而来的外部投资纷纷转移阵地，重新意识到制造业重要性的发达国家也在大力吸引制造业企业回流，众多发展中国家也在发展制造业的道路上不遗余力。在这样的严峻形势下，中国制造业必须努力走出价值链的低端，到更高端谋求发展机会。

此外，中国在全球价值链分工中还存在大而不强的问题。制造业发展面临发展不平衡、不充分问题，整体上表现为大而不强。与制造业发展相对成熟的发达国家相比，中国还存在诸多方面的短板：首先，科技创新薄弱，长久形成的重模仿轻创新的习惯导致企业不愿创新，市场机制的不健全、知识产权保护方面的欠缺导致企业不敢创新，教育体制障碍和人才的匮乏导致企业不会创新，种种原因使得中国企业整体创新能

---

① Investment and Trade are Increasingly Entwined via GVCs, Report Says [EB/OL]. https：// unctad. org/en/pages/newsdetails. aspx？OriginalVersionID = 411&Sitemap _ x0020 _ Taxonomy = Invest-ment%20and%20Enterprise；#20；#UNCTAD%20Home.

② 微笑曲线1992年由施振荣提出，微笑曲线的左边是设计，中间是制造，右边是销售，附加值体现在设计和销售两端，中间的制造环节附加值最低，企业只有往附加值高的区块移动，才能获得持续的发展。

力极为薄弱，无法掌握关键核心技术，只能徘徊于价值链低端；其次，资源利用率低下，中国历来是资源大国，无论是个人、企业还是社会都形成了资源取之不尽、用之不竭的错觉，因此，在发展中对资源的使用较为粗放，造成极大浪费，随着资源总量不断减少，我们在资源利用方面的劣势逐渐暴露出来并影响着经济发展的质量；再次，产业结构落后，一二三产业之间、地区之间发展的不均衡现象均较为严重，产业内部结构也呈现低效和不合理现象。从数字方面与发达国家对比，虽然整体制造业增加值总量领先，但人均值远远落后（人均 3000 美元，约为发达国家的 30%）；制造业增加值率只有发达国家的一半（中国约为 20%，发达国家为 40% 左右）；企业创新方面的指标更为薄弱，体现创新性的发明专利较少，在企业所有专利中占比不到 12%。除此之外，体制机制的束缚、虚拟经济对实体经济的冲击、高层次人才的极度匮乏等，都成为中国制造业发展的巨大障碍。因此，中国制造业正面临前所未有的挑战。

在此背景下，中国制造业发展如何寻求突破，如何迈向高质量发展新阶段，如何在全球价值链分工中占有越来越重要地位等，是我们必须思考的重要问题。探索中国制造业发展的新道路，促进中国制造业在全球价值链中地位的提升迫在眉睫。因此，本书始终以全球化的视角审视和考量中国制造业发展情况，重点分析以下问题：（1）中国制造业在全球价值链中所处的位置及一定时期内的角色变化；（2）中国制造业所承担分工受哪些因素影响和制约；（3）如何实现中国制造业分工的升级。在上述分析基础上，本书试图对提高中国制造业在全球价价值链中的地位提出一些可行性的建议。

1.1.2 问题提出

基于以上背景分析，本书选取中国制造业参与全球价值链分工的地位动态变化及影响因素开展研究，是出于以下两个方面的考虑。

一是外部竞争压力。在全球化背景下，中国在价值链中逐渐获取了较为重要的地位，与其他国家的合作交流不断加强，但是，发达国家重新抢夺制造业的举动、发展中国家参与制造业竞争的大潮正在威胁着中国作为制造业大国的地位，中国制造业参与全球价值链分工的地位受到了挑战，面临着威胁，也暴露了诸如出口附加值偏低、技术发展水平落后、加工中间环节偏多等问题。

二是内在发展需求。这是由中国自身的经济发展阶段和路径所决定的，在经历了过去较长时间高速增长后，中国经济到了转向高质量增长的最佳时机，而制造业的高质量是经济高质量的必然要求。2019 年《政府工作报告》进一步强调了高质量发展的要求，提出了促进制造业实现高质量发展的必要措施，包括对传统产业进行升级改造、提高企业研发和创新能力、加快发展互联网和智能产业、实现制造业和物联网的深度融合等。此外，还提出在整个制造业行业中推行固定资产加速折旧等一系列优惠措施，进一步强化产品质量对制造业发展的支撑作用，推动各项标准的制定与执行与国际接轨，更加关注服务质量等，从而吸引更多国际用户对中国制造和中国服务的选择与认可。

所以，在经济全球化背景下，在发达国家重新意识到制造业的命脉作用并竭力拼抢制造业资本和企业竞争中，中国制造业面临巨大的生存和发展压力。借鉴国外制造业高质量发展经验，如何提升中国制造业企业在全球价值链地位、迈向更高端，这是摆在我们面前的重要课题，本书着力研究和分析以下子命题。

（1）如何测算中国制造业在全球价值链中的地位？其动态变化情况如何？

（2）中国制造业参与 GVC 分工地位的影响因素是哪些，影响机制是什么？

（3）中国企业在全球价值链中的位置如何？如何影响位置的变化？

（4）中国制造业如何提升在全球价值链中的地位？

（5）在中美贸易摩擦的背景下，中国制造业企业如何实现价值链重构？

1.2 理论意义与现实意义

1.2.1　理论意义

中国制造业在改革开放以来的短短 40 多年内快速崛起，但由于创新能力、产业结构等多方面原因，与发达国家仍有差距，只能在价值链的中低端谋求利润和发展，尽管如此，也不能否认中国在全球价值链分工中的重要地位和作为生产基地的重要作用。本书研究了中国制造业在全球价值链分工的地位和动态变化情况，总体融合了内生经济增长理论、全球分工理论、产业升级理论，结合欧盟的世界投入产出数据库（World Input‐Output Database，WIOD）2000～2014 年数据和 WWZ 分解法分析了当下现实的全球价值链分工模式，并深入企业异质性视角进行研究，总体来说，对全球价值链理论具有丰富和完善的重要意义，也为今后研究全球价值链下的产业发展理论提供了一些可借鉴的观点，并为提升国家间的价值链治理模式以及在全球价值链中提升合作地位和增值空间提供了参考和借鉴。

1.2.2　现实意义

研究中国制造业在全球价值链分工的地位和动态变化情况，提出中国制造业转型升级的方式和建议，能够从理论上指导中国制造业企业更好地参与分工并从国际合作中有效提升自身能力，最终实现转型发展，迈向高质量发展新阶段。一方面，在未来一段时间内制造业仍然是国民经济发展的主导和支柱产业，中国制造业依然要推进和加深在全球价值链中的分工，因此本书测算了中国制造业在全球价值链中的分工地位，客观概述了中国制造业的国际地位，有利于为当前中国制造业发展提供参考借鉴。另一方面，本书研究垂直专业化分工程度、外商直接投资、政府补贴、技术水平、人力资本等因素在中国制造业地位提升中扮演的角色，通过对制造业地位影响因素的分析，为其他产业领域在国际分工中地位的现状、趋势与改进措施提供参考与借鉴。

同时，本书基于制造业的研究对其他行业同样具有借鉴意义。一是本书开展中国制造业参与全球价值链分工地位的研究分析，对于促进制造业转型提升、迈向中高端具有实践上的迫切性，在落实党和政府关于推动产业转型升级、推动高质量发展的要求方面具有实践意义。二是在当前中美贸易摩擦大背景下，对于中国制造业强化在全球价值链中的国际分工地位将迎来重大机遇，本书开展相关研究，对于中国制造业大力引进和学习国外先进技术、加大研发投入和强调自主研发、充分发挥优势等提供实证支持，提高中国对制造业在国际分工中地位的客观认识，具有重要的现实意义。

1.3
研究思路、方法与内容

1.3.1　研究思路

在全球价值链的大背景下，本书综合采用理论和实证相结合的分析方法，通过 GVC 指数、位置指数等指标对中国制造业进行横向和纵向比较，从静态和动态层面展开影响中国制造业参与全球价值链分工地位的实证分析，在此基础上，对其影响因素进行分析，同时，在异质性视角下就企业如何融入全球价值链开展实证分析，测算企业在全球价值链的位置。从这些角度，全面研究中国制造业所处地位、变化机制、发展策略等问题，以期在正确认识自身位置、更好融入全球经济链条、迈向产业链高端等方面提供理论贡献。本书整体研究思路如下。

（1）立足全球价值链分解方法，从分解、分工、地位的角度，对中国制造业的国际地位和变化进行分析，通过具体数值表现其所处地位和国际分工参与程度，同时，在时间轴上考量地位的变化情况和变化规律，并细究代表性国家制造业和细分行业 GVC 的分工和地位的比较分析。

（2）采用理论模型推导的方式，探究为取得更高级、利润率更高的分工所要遵循的机制，以及中国制造业参与 GVC 分工的地位升级机制。

（3）以中国制造业为研究对象，从动态和静态两个角度进行实证分析，采用动态系统 GMM 和静态面板回归分析相结合的方法，梳理影响中国制造业在全球价值链中所处地位的具体因素及其作用机制。

（4）以前文的实证研究为基础，分别从行业和企业两个角度，探究中国制造业企业在全球价值链中的地位变化，开展实证分析。

（5）基于中美贸易摩擦，以华为作为案例进行分析，试图探究中国制造业参与全球价值链分工的风险和困境，以及如何进行全球价值链的重构。

1.3.2　研究内容

研究的具体内容分为以下章节。

第1章，绪论。从研究背景、研究意义、研究思路等方面进行了框架性概述。

第2章，文献综述。介绍了与研究相关或本文用到的一些理论，如全球价值链理论、全球价值链分工地位的测算方法、中国制造业参与全球价值链分工的进程，在对现有文献的综合分析评价基础上，总结出研究思路。

第3章，中国制造业全球价值链分工地位与动态变化。通过WIOD数据库和WWZ分解法来分析：（1）中国制造业在全球价值链中所处的位置（用GVC表示），并通过对不同国家GVC数值的比较进一步了解中国的相对地位；中国制造业与其他国家全球价值链分工地位的对比，发现优势和差距。（2）中国制造业与G6国家、新兴经济体全球价值链分工地位的对比，发现优势和差距。（3）中国制造业（包括细分行业）在全球价值链中的分工地位变化。

第4章，中国制造业参与全球价值链分工的地位升级机制。阐述地位升级的理论内涵、升级路径，对影响制造业参与全球价值链分工的影响因素进行理论模型推导。

第5章，中国制造业参与全球价值链分工地位的影响因素。采用动态和静态面板回归分析相结合的实证分析法，采用系统GMM方法实证分析中国制造业参与GVC分工地位影响因素、对制造业三大类型行业的影响因素进行实证分析。

第6章，制造业企业参与全球价值链分工地位的影响因素。基于微观企业层面，测算制造业企业在全球价值链分工中地位的变化，并对影响因素进行实证分析。依据企业异质性理论，对企业在全球价值链中的地位进行测算，探究不同所有制分类企业、不同贸易模式企业在全球价值链的位置变化。最后，从企业层面，对影响企业在全球价值链中地位的因素进行实证分析。

第 7 章，中国制造业参与全球价值链分工的风险与重构——基于中美贸易摩擦分析。以华为公司为例，分析中美贸易摩擦下中国制造业参与全球价值链地位升级的困境以及对价值链重构的展望。

第 8 章，结论及展望。总结全书研究的重要结论，对未来的研究内容和研究方向提出建议及展望，提出提高中国制造业参与全球价值链地位的政策建议。

1.3.3 研究方法

为使研究更具理论严密性和实践价值，本书综合使用了多种研究方法，包括文献和政策分析、定性计量、定量分析、对比分析等，并从中国制造业所处地位、对全球价值链的参与度、与其他国家制造业的差异等多个角度全面考量中国制造发展情况。主要包括以下研究方法。

1. 统计分析与计量经济方法

经济学需要借助多种方法实现分析的目的，其中计量经济学是重要手段之一。所谓计量经济学，需要建立在大量真实数据的基础上，以这些数据为原始资料，使用数学统计的方法，分析这些数据所呈现的规律性。同时，借助经济学中的相关原理计算出数值，将计算出的数值与统计出的数值进行对比，以此来验证或修正提出的经济学理论。经济学的相关理论得到验证之后，就可以用于解释现实中的各种现象、为政策制定提供理论依据，还可以对未来的经济现象进行预测。为使研究结果更直观更有说服力，本书借助计量学、统计学等方法进行定量分析，主要计算反映产业在价值链中地位的 GVC 指标和产业对整体价值链参与程度的参与指标，在数据支撑的基础上，可以实现更好的定性分析。本书主要使用静态面板数据分析和系统 GMM 分析方法，对中国制造业参与全球价值链分工地位的影响因素进行实证分析。

2. 比较分析法

在衡量中国国际分工地位时，不能仅以中国制造业的数据来分析，必须将中国制造业的情况与其他国家（地区）的情况进行比较，这样才能得出更加科学客观的结论。因此，本书还选取了德美日、金砖五国、印度、巴西、中国台湾等代表性国家（地区）的数据，通过对中国与代表性国家（地区）制造业 GVC 地位比较分析、中国与代表性国家（地区）制造业 GVC 参与度比较分析，判断中国制造业所处的地位和动态变化情况，测算出更加真实有效的数据。

3. 投入产出分析法

投入产出分析法又称"部门平衡法"，即通过编制投入产出分析表及数学模型，反映经济系统各个部门（产业）间的关系。本书基于世界投入产出数据库（WIOD），利用全球价值链分解（WWZ 方法）在测算全球价值链分工程度和地位等指数时，就是基于投入产出法进行测算，进而得出指数进行对比和分析。

4. 案例分析法

在中美贸易摩擦的大背景下，本书以华为公司为例，将其作为中国制造业实现全球价值链攀升的成功实践，分析了华为公司参与全球价值链的初期、发展期、成熟期和飞跃期，如何跃升为全球领先的信息技术解决方案供应商。

1.3.4 技术路线

本书的技术路线如图 1 - 2 所示。

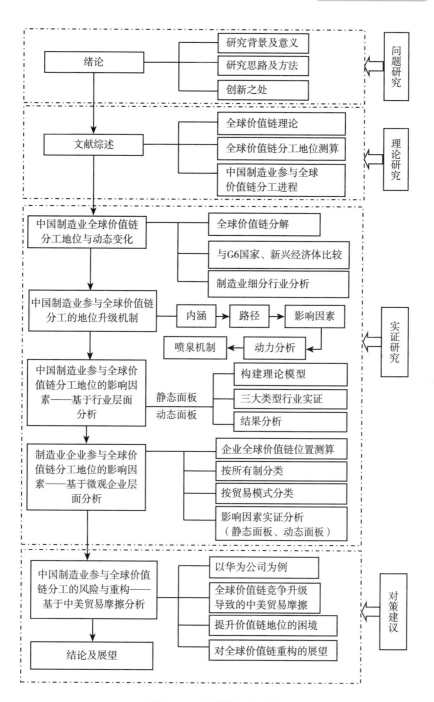

图1－2　本书的技术路线

1.4

创新之处

本书基于前人有关全球价值链地位相关研究，立足于制造业视角，展开中国制造业参与全球价值链分工地位动态变化及影响因素的分析研究。较前人研究来看，具有以下创新之处。

（1）选取制造业作为研究对象，分析全球价值链分工程度和地位动态变化，对中国制造业全球价值链分工程度和地位进行了细化分析，深入探讨了中国制造业参与全球价值链分工的路径和方式。本书应用了全球价值链分解指数（WWZ 分解方法）对贸易增加值进行分解，WWZ 分解法是目前较新的方法之一，测算更为准确。本书将贸易增加值分解为国内增加值、国外增加值和重复计算部分等二级细分，并展开了三级细分，进一步深入分析了 2000～2014 年全球价值链分工程度和地位的动态变化情况，探讨了中国制造业是以何种方式融入全球价值链分工，研究更为深入和细化，更为准确地测算出中国制造业所处的世界地位，为提出更有针对性的建议提供较为准确的理论支撑。

（2）对中国制造业全球价值链地位和制造业企业在全球价值链中的位置进行了分解和测算。过去有关制造业参与全球价值链分工的研究中，以制造业全行业的研究为主，本书不仅有对制造业相关细分行业的研究，还从异质性视角下，测算制造业企业参与全球价值链的地位，并对制造业企业参与全球价值链地位变化的影响因素进行了实证分析，通过静态面板数据和动态面板数据（系统 GMM），分析影响制造业企业全球价值链地位变化的因素，包括垂直专业化程度、外商直接投资、政府补贴、技术水平、人力资本等多个要素，并采用静态和动态面板数据模型对这些要素指标进行测算，从而指出影响参与全球价值链分工地位的关键影响要素。通过对中国企业嵌入全球价值链的位置进行准确测度，对中国企业参与全球生产的地位及变化影响因素进行深入分析，为中国制造业企业向价值链的更高层级攀升提供了借鉴，这也是研究目标上的拓展和创新。

第 **2** 章

文献综述

目前，关于全球价值链的相关理论较多，本书在前人研究的基础上，从全球价值链理论、全球价值链分工地位测算方法及中国制造业参与全球价值链分工的进程、影响因素等角度进行总结，开展论述和分析，充分论述制造业全球价值链的展开与特征，为本书的研究奠定基础。

2.1 全球价值链理论

在过去五十年的时间里，以少数发达国家为引领的经济全球化加速发展，过去局限于一个国家甚至一个企业内的价值创造过程，开始在世界范围内进行分工，由此导致了价值创造环节的地理性分割及价值创造流程的再造。在这样的经济背景下，学者提出了全球价值链的观点并迅速被学界和大众接受，关于全球价值链的研究成果也开始大量涌现，逐渐形成了一套系统的理论框架。

2.1.1 全球价值链理论的发展

全球价值链的概念并非一蹴而就，它充分借鉴了之前价值链、商品链，以及全球化的概念，是对之前理论的融合和升华。SWOT 矩阵的创始人、著名管理学家波特（Porter，1996）在他的著作《竞争优势》中分析企业生产过程时首先使用了"价值链"一词。此后，科格特（Kogut，1985）将价值链的概念拓展到国家和地区之间，他指出，国家和地区根据自己的资源禀赋和能力特长占据价值链的相应位置，扮演相应的角色。科格特等（Kogut et al.，1990）还进一步解释了价值增加链：通过技术、设备、资金和劳动将原材料加工成中间产品，再通过一定的方式对产品进行组装形成最终产品，然后将产品出售并进行利润分成，这个过程就是价值增加链，通过这个过程，要素（产品）的价值得到了增加。一般来说，企业作为价值链的一环承担其中一个或几个角色，也有的实力雄厚的企业可以将整条价值链纳入其内部。与波特相比，科格特理论最突出的进步是将价值链从企业内部拓展到了不同企业，甚至国家和地区之间，这更形象表现了价值链的空间分离特性，对全球价值链理论的形成和发展起到重要作用。但是，科格特理论存在一个较大的局限性，即对价值链的研究领域局限性较大，只针对制造业的研发和生产，而对其他价值创造过程没有进行研究（孙治宇，2013）。

20世纪90年代后期，很多学者围绕全球价值链开展了研究，其中克鲁格曼（Krugman）、阿恩特（Arndt）和凯日科夫斯基（Kierzkowski）等重点从全球价值链导致的生产过程在地域上的分割以及流程重构等方面进行了研究，在此过程中还提出了"片段化"的概念，用以描述不同国家或地区所承担的价值链上的某一部分工作（李献宾等，2010）。

杰罗菲（Gereffi，1994）针对跨国产业进行研究，分析围绕同一个产业不同国家的角色分工，同时借鉴价值链的理论，提出了全球商品链。所谓商品链，顾名思义，是围绕特定商品的一整个物质链条，包括原材料采购、生产加工及销售等活动。由于全球化的加剧，上述活动从过去在一个国家内完成转变为多国合作完成，原来存在于一个国家或地区的价值链条被不同国家或地区按照一定规律进行了切割，新的生产格局逐渐形成。尽管杰罗菲关注到了商品从加工到销售在全球范围的分工和重构，但是忽略了关于商品价值增值过程的分析。随后，他对自己的理论进行了更新和完善，在2000年提出了全球价值链（global value chain，GVC）的理论，注重从价值创造和价值变化的角度观察和分析商品的流动，而不是单单考察物质形式的商品流动（Gereffi，2001）。朱利安尼等（Giuliani et al.，2005）通过考量拉美国家在全球分工中的角色和收益情况，认为全球价值链的出现对发展中国家大有好处，发展中国家在国际分工中可以通过发挥自身长处赚取利润，同时借助他国优势来弥补自身不足，逐步实现自身产业发展能力的提升。有的学者对此持有不同意见，他们认为，由于技术和资本实力等方面的限制，发展中国家往往只能参与全球价值链的较低端，赚取较为低廉的利润，同时无法掌握核心技术，生产力水平也难以得到有效提升。与此同时，只有少数处于价值链高端、掌握核心技术的国家能够在这种分工中持续提高生产力水平、实现产业升级和收入增长，卡普林斯基（Kaplinsky et al.，2001）对这些国家在价值链中的具体角色进行了分析，并将这些国家因参与价值链分工而经历的发展路径称为高端路径（high road）。

伯格等（Berger et al.，2001）对构成价值链的关键要素进行了分析，他指出组织形式、区域位置及参与分工的各主体是全球价值链条的三大要素。凡参与商品的原材料提供、产品加工、成品运输与销售、售后服务等各个环节的主体都是价值链条上的主体组成要素，他们因为一个或几个共同的商品而成为一个在地域上分隔的有机组织，通过一定的机制实现合作和最终的利润获得。根据性质的不同，主体分别扮演诸如一体化企业、零部件经销商、领导型厂商等不同角色。

联合国工业发展组织在 2002 年立足于产品从诞生到作废整个过程来考察全球价值链的概念，研究在整个过程或周期中产品价值链不同部位的国家或地区所发挥的作用，以及他们相互的合作、配合、互动机制。研究指出，全球价值链围绕商品的生产、销售以及回收，在世界范围内建立起一条包含众多主体的价值链条，其本质是一种跨越国界和地域的特殊组织形式（UNIDO，2003）。

卢锋（2004）进一步指出，全球围绕产品一系列环节的分工趋于细致化，不仅局限于生产、销售等主要环节，而是将原本连续的价值生产过程（如产品设计、不同部分的生产等）进行更为细致的分工，由不同国家或地区的企业来承担其最具技术和成本优势的环节，从而实现产品质量最优、成本最低、利润最高。这种世界范围的分工模式，即全球价值链的诞生，彻底打破了过去一国或一地垄断一个产品价值创造的全过程，使得一个产品的价值链完全由一个国家或地区掌控的情况越来越少，相应的，中间产品在不同国家或地区之间的流动则大幅度增加。高越等（2005）研究了全球价值链产生的必要条件，具体包括：（1）一个产品的生产过程是由若干个连续的子过程组成的；（2）导致产品从诞生到走向市场的不同环节是由不少于两个国家共同完成的；（3）参与该产品价值创造的国家中，至少有一个国家的出口产品中使用了进口投入品。

2.1.2　全球价值链的描述方式

随着经济实践的不断深入，学者们对全球价值链的研究也逐渐深化。起初，产品的生产多由一个企业完成，跨企业甚至跨地区的分工合作还不多见，因此波特对于价值链的研究和认知还局限在企业内部，他将产品从设计到生产加工，再到销售等每个连贯环节组成的动态过程称为价值链，并用图 2 - 1 表示。

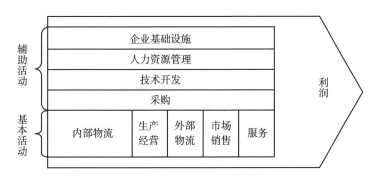

图 2 - 1　波特的企业价值链

资料来源：李平，狄辉. 产业价值链模块化重构的价值决定研究 [J]. 中国工业经济，2006（9）：71 - 77.

卡普林斯基（Kaplinsky）和莫里斯（Morris）则细化研究了价值链上的各个环节，他们认为，价值链条并不是单向流动的，而是双向作用的，经济活动的每个价值创造环节对其上下游环节均产生一定的影响，如图 2 - 2 所示。

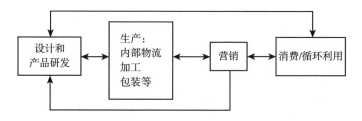

图 2 - 2　卡普林斯基等的价值链环节互动

资料来源：李平，狄辉. 产业价值链模块化重构的价值决定研究 [J]. 中国工业经济，2006 (9)：71 - 77.

当经济合作日益增加，学者们开始将价值链的概念从一个企业内部扩展到多个企业之间，研究的核心也从企业转移到产品，即围绕产品的全过程将与之相关的企业串联起来进行角色和互动机制的研究。联合国贸易和发展会议（UNCTAD，1995）立足产品的国际化分工所造成的价值分离和价值创造过程在空间位置上的重构，把价值链的各个环节进行归类，划分为技术环节、生产环节及营销环节，其中，每个大的环节又必然包含着更细化的分工。

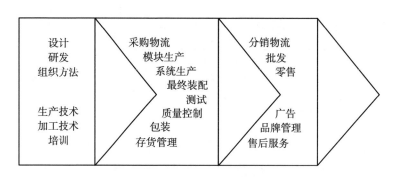

图 2 - 3　UNCTAD 的产品价值链

资料来源：李平，狄辉. 产业价值链模块化重构的价值决定研究 [J]. 中国工业经济，2006 (9)：71 - 77.

中国研究者则从不同的角度对全球价值链进行了研究，研究的基础主要是诞生于1992 年的"微笑曲线"理论，这个理论描述的是一个产品的不同价值创造过程中的价值分布是不均衡的，产品研发设计、产品营销这两个阶段占据着价值链的高端，而包括生产在内的其他环节处于价值链的低端。李平和狄辉（2006）进一步分析了这种价值分配的不均衡现象，以建模的方式计算价值链上不同主体占有利润的变化情况，发现随着全球价值链的深入推进，处于价值链核心位置的主体所获得的利润出现不断上升的趋势；相反，处于非核心环节即价值链低端的主体所获得的利润将持续压缩。

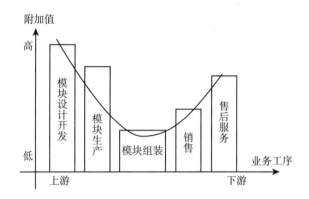

图 2 - 4　基于微笑曲线的产品价值链

资料来源：Hummels D, Ishii J, Yi K M. The Nature and Growth of Vertical Specialization in World Trade [J]. Journal of International Economics, 2001, 54 (1): 75 - 96.

2.1.3　全球价值链的特征

通过上述分析，我们认为全球价值链主要具备以下几个特征。

（1）资本主义分工发展的必然结果。大部分研究者认为全球价值链大约形成于 20 世纪 90 年代，因为那个时期，通信技术发生了革命性的变化。胡梅尔等（Hummels et al., 2001）在研究中重申了这一点，他认为，产品的价值生产过程之所以能够在国家之间实现分工，得益于两个条件：一是通信技术的突破性进步和交通成本的大幅降低；二是国家之间贸易屏障的逐渐消除或减弱。其中，通信技术的发达使得企业可以跨越国家实现沟通与合作，因此国际分工具备了可能性，而交通运输成本及跨国交易成本的大幅度降低，使得国际分工的利润得以实现。

（2）具有行业和区域边界。全球价值链的说法并不意味着任何产品可以在任何国家之间实现分工和价值创造，实际的分工仍然受到地域限制，同时要考量不同国家的优势所在，因此，基于与产品相关的技术分布特点和贸易、运输等相关成本因素，全球价值链具有特定的行业和地域限制。

（3）跨国公司主导。全球价值链的控制权并非均匀分布在各个环节，价值链的形成和运行必然有一个起主导作用的大型跨国公司在其中发挥作用，这样的公司以利益为目的进行价值链的分工，为了不断提升利润水平，将这种分工逐渐细化，从而创造更多的中间价值，而这个过程又同步强化了跨国公司的主导权。李国学等（2008）研究了跨国公司对价值链的动态调整行为，他们指出，随着外部环境的复杂变化（包括政治、经济、技术等），跨国公司会相应对价值链分工作出调整，如将部分环节外包出去，或者将部分环节纳入价值链条等，同时，跨国公司还会对价值链上主体的权限及激励机制进行调整，其目的是适应外界变化获取最高利润。

（4）遵循要素禀赋原则进行分工。价值链分工的基本原则是，不同的国家和地区以其最具优势的要素参与分工，所谓最具优势是通过与价值链中的其他主体进行比较得到的。对于主导价值链的跨国公司来说，他们判断一个主体应该参与何种分工的方式就是该主体所能提供的要素的最低市场价格，如果这个价格低于其他各主体，则判定这个要素是该国优势要素。根据性质的不同，可以将参与价值链分工的要素分为高级要素和初级要素，其中高级要素是指知识含量高的、非物质性的要素，包括技术、管理等，这种要素不依附于特定的地区，容易流动；而初级要素则相反，是指没有或有较低知识含量的物质性的要素，包括体力劳动者、土地等，这种要素一般受地域限制，不能或不容易实现流动。林毅夫等（2003）指出，任何企业都只能在某个或某几个环节上具有比较优势，极少企业可以做到在每个环节上都优于其他企业，众多企业汇聚的优势即为一个国家的比较优势。曹明福和李树民（2005）探究价值链利益的两个来源，一个是"分工利益"，另一个是"贸易利益"，他们指出了这两种利益的本质区别，包括决定因素的不同和获取主体的不同。他们还指出，一个国家参与分工的深度与其获取的利润并不是始终成正比的。

（5）利益分配存在非均衡性。企业一旦进入价值链，对于其比较优势的判断便不再局限于其所在国家和地区，而应该立足于整个价值链，将其与价值链上的其他企业进行比较。企业在价值链中所处的位置由其能够提供的要素所决定，而最终获得的利润则由其对价值链的影响力来决定，能够在越大程度上控制价值链的运行，发挥的作用越不可替代，则可以获取越多利润。张二震等（2005）研究表明，企业获取利润的多少不应该单纯通过其提供的商品类型进行判断，而应该充分结合其参与分工的方式、所处的环节、在价值链上的影响力等；他们在研究中还指出，价值链条上国家的分布具有一定的规律性，一般情况下，发达国家（负责研发、品牌塑造、营销等）处于能够产生高附加值、获取高额利润的价值链高端，且对整个价值链具有更大的控制权，而发展中国家（负责加工制造）则处于生产低附加值、获取微薄利润的价值链低端，没有或拥有极少的话语权。曹明福等（2006）通过分析贸易数据印证了上述研究结论，他们指出，发达国家的代表美国就处于价值链的高端，对价值链起主导作用，而发展中国家代表中国则处于较低端。

当下，中国制造业是深度参与国际分工而又处于价值链较低端的典型代表，因此，本书以中国的制造业为研究对象，分析其在全球价值链中所处的位置，探索实现地位升级的有效措施，以期对同类型的产业起到借鉴作用。

2.1.4　全球价值链的治理

价值链治理这一概念是杰罗菲（Gereffi）于 20 世纪 90 年代提出来

的。汉弗莱和施密茨（Humphrey & Schmitz，1999）针对价值链治理进行了概念性描述，指出价值链治理的手段是对处在价值链上的企业之间的关系和制度进行协调与重塑，目的在于推动价值链上的利益分配向有利方向发展。价值链治理是采用制度化手段进行的，能够实现对各个环节经济体活动、关系的调控，因此，对全球价值链的健康发展具有重要作用。杰罗菲等（Gereffi et al.，2003）立足于三个关键因素，即实现交易的难易程度、信息识别的难易程度、供应商供货能力，将全球价值链的治理模式划分为五个类型，具体包括市场型、关系型、领导型、模块型、层级型。

1. 市场型全球价值链治理

市场型全球价值链治理模式如图 2 - 5 所示。这种价值链治理模式的特征包括交易关系的可持续性、交易行为的可复制性、交易成本的低廉性、交易对象的可变性等。这种模式存在于发达国家与发展中国家进行价值链分工的早期及产品科技含量较高、竞争力较强的发展中国家。发展中国家适用市场型治理模式的前提条件是在某个产品领域形成了一定的技术优势、资源要素优势或者市场优势。

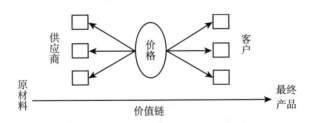

图 2 - 5　市场型全球价值链治理

资料来源：Gereffi G，Humphrey J，Sturgeon T. The Govenance of Global Value Chains ［J］. Global Value Chain Initiative，2003，11（4）：5 - 11.

2. 关系型全球价值链治理

关系型价值链治理模式如图 2 - 6 所示，其特点包括无法制定统一的产品标准或规范、交易行为具有较高难度、资源或资产的通用性较差、供应商具有较强的供应能力。大量隐性信息的存在迫使交易双方不得不通过见面的方式进行充分沟通，避免由于信息不对称造成的损失，此时交易的成本明显升高。另外，上游供应商之间激烈的竞争关系促使主导企业将核心业务之外的其他业务，以外包形式进行分流，从而保持竞争优势。在这种情况下，交易双方的关系趋向复杂化，资产的通用性变差。关系型治理模式中治理行为的实现主要依靠三种方式，一是企业在行业内良好的信誉和名声，二是相关企业在地理位置上较为接近方便沟通与交流，三是企业的所有者之间存在血缘或者亲情关系，因此，关系型治理模式表现出非常明显的社会同构性、地理临近性和家族性（Gereffi，2009）。

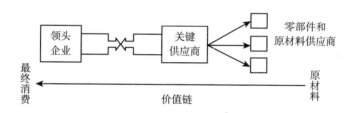

图 2 - 6　关系型全球价值链治理

资料来源：Gereffi G，Humphrey J，Sturgeon T. The Govenance of Global Value Chains ［J］. Global Value Chain Initiative，2003，11（4）：5 - 11.

3. 领导型全球价值链治理

这种模式出现在信息识别的有效性强、产品标准制定工作复杂、供应商供货能力不强的情况下。这种模式下，重要的标准和参数都由发达国家来制定，包括产品的技术标准、质量要求、货物交付时间及方式、库存标准及价格等。作为产业链较低端的发展中国家在这些方面没有发言权，只能严格按照发达国家制定的标准执行，且只被允许从事相对简单的、没有技术含量的工作，业务范围相当狭窄。在领导型治理模式下，发展中国家高度依赖发达国家，尤其是在高端业务环节中。领导型全球价值链治理模式如图2-7所示。

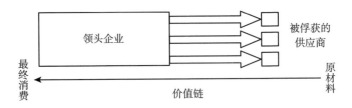

图2-7 领导型全球价值链治理

资料来源：Gereffi G，Humphrey J，Sturgeon T. The Govenance of Global Value Chains ［J］. Global Value Chain Initiative，2003，11（4）：5-11.

4. 模块型全球价值链治理

当产品的模块化特征较为明显，各项技术标准促使产品的多样性程度逐渐降低、统一性逐渐增强，产品规范的制定以降低交易双方交流成本为目的时，便适用模块型治理模式。这种模式下，客户能够具体详细描述所需产品的规格和要求，从而供应商能够严格根据客户的需求进行生产并提供产品。模块治理的特点之一在于供应商提供完整模块的能力，这极大程度提升了资产的通用性，从而购买者不需要花费大量时间和资金用于督促供货商，大大节约了这方面的成本。模块型治理模式下，发展中国家的供应商较少受到发达国家采购商的牵制和约束，他们之间的关系更多表现为相互交流、相互合作和相互补充。模块型全球价值链治理模式如图2-8所示。

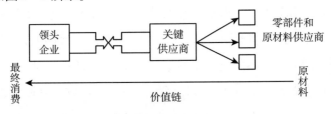

图2-8 模块型全球价值链治理

资料来源：Gereffi G，Humphrey J，Sturgeon T. The Govenance of Global Value Chains ［J］. Global Value Chain Initiative，2003，11（4）：5-11.

5. 层级型全球价值链治理

层级型全球价值链治理模式的特征包括产品的生产方式或生产流程难度较高、专业化的产品标准或规范难易被有效识别或者掌握、上游原材料或配件供应商之间不存在激烈的竞争关系。由于上述特点，为保证生产安全，处于价值链领导地位的企业不得不包揽产品开发、产品生产等各个环节，形成一体化的生产模式。出于开拓市场和降低生产成本的目的，来自发达国家的大型跨国公司往往会在世界范围内寻找劳动力、原材料等生产要素相对便宜的发展中国家并安营扎寨，他们一般选择在这些地区成立子公司，通过产权方式对其进行全方位控制。因此，在地理空间上处于不同国家、不同地区的公司之间形成了上下级关系，正如企业管理中的上下级关系。市场型的治理模式与层级型的治理模式是基本的世界经济组织模式（Gereffi，1999）。层级型全球价值链治理模式如图 2-9 所示。

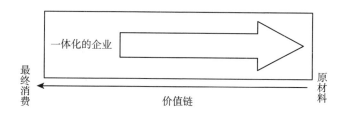

图 2-9 层级型全球价值链治理
资料来源：Gereffi G，Humphrey J，Sturgeon T. The Govenance of Global Value Chains ［J］. Global Value Chain Initiative，2003，11（4）：5-11.

2.1.5 制造业全球价值链的定义

本书研究的制造业全球价值链是指参与全球价值链分工的制造业，其定义包含以下几个概念。

（1）产业类型为制造业。在众多产业类型中，本书只选取制造业作为研究对象，一方面是因为制造业在国民经济中占主导地位，另一方面是基于制造业在价值链形成中起引领性作用。根据定义，制造业是通过一定的工业加工、制造过程，将原材料转变为人们生产、生活所需的物品。

（2）特指参与国际分工的制造业。大多数国家都发展制造业，但并非所有国家所有类型的制造业都有机会参与国际分工，有的国家甚至受经济开放程度、产业水平等方面的制约，还没有进入全球价值链的分工当中。因此，本书特别对所研究的制造业做一个限制，即已经参与国际分工的制造业。

（3）制造业是价值链形成和推进的主要领域。随着经济全球化的深入，制造业、服务业，甚至农业等都已经进入了全球分工的时代，但是制造业的国际分工是最早开始的、最具代表性的，因此，对制造业全球价值链的研究一方面具有大量的理论和实践基础，另一方面能够为其他产业的价值链研究和升级路径提供有意义的借鉴。

2.2
全球价值链分工地位的测算方法

经济和贸易的全球化导致了众多相关理论的产生，诸如对生产过程进行细分的多阶段生产理论、从地域分散角度研究生产过程的国际分散化生产理论，以及从专业化角度研究生产过程的垂直专业化理论，以这些理论为基础最终诞生了全球价值链理论，众多学者立足于生产过程在不同国家之间的垂直分工及因贸易关系而形成的贸易链条，对各个主体的分工地位进行了深入研究。众多理论采取定量方法对分工地位进行具体描述，以此获得价值链主体在国际分工中的确切地位，具体包括以下测算方法。

2.2.1　传统研究方法

1. GVC 地位指数（KPWW 法）

测度一国国际分工地位的经典算法是库普曼等（Koopman et al.，2010）基于增加值贸易（TiVA）框架构建的 GVC 地位指标，也称为 KWW 法和 KPWW 法。其理论基础是针对国际贸易产生的增加值进行研究的增加值贸易理论。在对不同贸易行为的增加值进行分析的基础上，库普曼等指出，可以通过 GVC 指数来对生产和贸易的全球化程度以不同主体的分工地位进行定量描述，具体可以分为 GVC 参与指数（也称 KWW 法）和 GVC 地位指数（也称 KPWW 法），两个参数考量的对象不同，前者针对某个国家出口的附加值价值与其出口总额之间的关系，后者则针对某国出口的间接附加值价值与同一产品国外的附加值出口之间的关系。GVC 参与指数法（KWW 法）的基本测量原则是，任何国家在参与全球分工的过程中，既需要购买中间产品，同时也需要出售中间产品，即同时具备购买方和出售方两种身份。当某个国家对于中间产品的供给大于需求，或者主要担任出售方的角色时，则可以认为该国在价值链中的地位较高，处于上游位置；相反，若某国对于中间产品的需求大于供给，主要担任购买方的角色，则其处于价值链相对下游的位置。GVC 地位指数测量法（KPWW 法）应用较广，如刘琳（2015）同时使用 KWW 和 KPWW 两种 GVC 方法，并借助 WIOD 中的信息和资料，对 1995～2011 年中国的制造业地位变化和特点进行了详细分析，研究发现，中国的制造业仍然普遍处于全球价值链较低端，但随着时间推移，中国制造业的地位呈现出上升趋势，不管是参与度还是话语权都在逐渐加强。齐俊妍等（2016）选择一定时期一定数量的国家进行研究，试图揭示非股权投资行为在改变国际分工中所起的作用，他们通过对 40 个国家（地区）在 1995～2011 年的国际分工地位进行 GVC 描述，发现非股权投资，尤其是关联型和模块型的非股权投资，会对国际分工地位的提升产生积极作用。赖伟娟等（2017）选取了美国、日本，以及欧洲地区作为参照物，与中国进行比较分析，研究表明，发达国家的代表美国、日本，以及欧洲地区的部分行业（主要是技术型行业）都已经在生产和贸易的某一个或几个环节上处于全球价值链的高端，而中国仍然处于价值链低端，但呈现出明显的上升趋势。

2. 垂直专业化测度

坎帕和戈德堡（Campa & Goldberg，1997）在计算一个国家投入品总额与生产出的产品总值之间的比重时使用了投入产出法，这是对投入产出法的最早应用。此后不久，胡梅尔等（Hummels et al.，2001）又借助这一方法对一个国家出口产品总额中所包含的进口产品价值进行了计算，这一指数被命名为垂直专业化指数（Vertical Specialization），自此以后，这一计算方法在理论和实践领域被广泛采用。在初期，受数据获取方面的制约，这种方法仅被用于单一国家的投入与产出分析，无法应用于多个国家的情况，且在时间上无法实现连续性，国际投入产出模型有效解决了这一问题。其计算公式为：

$$VSS_i = VS_i / X_i$$

其中，VSS_i 代表行业单位出口额中包含的进口投入品价值比例，即垂直专业化水平；VS_i 代表行业出口中的进口产品投入价值，X_i 表示行业的出口额。

3. 显性比较优势指数

利用显性比较优势指数测算全球价值链分工是比较常见的方法。显性比较优势指数是用于测算一个国家内部增加值的重要方法，随着全球价值链研究的深入，部分学者开始借鉴这种方法对价值链主体的分工和地位进行测算。要对分工地位进行有效测算，前提是对贸易增加值进行测算，库普曼等（Koopman et al.，2014）从价值的来源和生产贸易过程中产生的附加值两个方面对贸易进行核算，将出口额分解为若干可衡量的增加值，构建出方便核算的会计模型。刘维林等（2015）对中国的出口商品进行了价值测算，获得了国内附加值在整体价值中所占的比率，同时对商品在国外产生的附加值进行了分析，分别研究了产品附加值和服务附加值。王直等（2015）则在前人研究的基础上，提出了更具创新性的价值核算方法。近年来，随着中国制造业和高新技术产业的崛起和发展，更多学者将研究焦点转向此类产业的价值核算，以期对中国制造业和高新技术产业在全球产业链中所处分工地位进行描述，从而为产业发展提供理论支撑和有益策略。李宏艳和王岚（2015）采用中国 1995～2011 年制造业发展状况和相关数据为研究基础，通过对包括获利能力指数、地位指数、增值能力指数在内的三个指数的计算，从时间脉络呈现了不同技术含量和技术水平的制造业行业在全球价值链分工中的角色变化及阶段性特征，具体测算过程借鉴了鲍尔温（Baldwin）和 Spiders 模型。在对贸易增加值进行了较为深入的研究和准确测算的基础上，部分学者开始关注贸易附加值对价值链分工的影响，首先分析了贸易附加值对地区显性比较优势的影响。岑丽君（2015）专门研究了中国的出口贸易行业，试图通过对大量贸易数据进行分析和模型计算，得到 GVC 指数和 RCA 指数，在对两个指数计算分析的基础上，呈现了中国出口贸易在全球价值链中的地位以及所获取的利益。岑丽君（2015）通过研究得出结论，中国的出口贸易已经实现与世界贸易的较好融合，在世界贸易中占据较大份额，但是，从所处价值链的位置来看，仍然不容乐观，整体上处于价值链较低端，呈"V"型趋势。乔小勇等（2018）基于全球价值链参与度、长度和地位指数，运用投入产出及贸易统计数据，对选取国家制造业及其细分行业在全球价值链中的变化趋势和特征进行对比分析，并运用空间计量方法分析制造业及其细分行业全球价值链地位指数的空间分布及特征，认为2000～2014年中国货物出口国内增加值比重逐年增加，且受金融危机影响明显，中国制造业全球价值链地位和参与度指数较低、长度指数较高、且存在明显的行业异质性。

2.2.2 总贸易核算分解法（WWZ分解法）

2.2.1节讲述了GVC地位指数、垂直专业化测算等方法，是目前学者们较为常用的方法。但是这些方法因假设条件与现实差距较大而存在天然的局限性，主要表现在：（1）GVC地位指数在测算范围上面有所遗漏，它只计算了一个国家出口额中所包括的来自其他上游国家的进口中间产品的增加值，而忽略了在物流配送、产品营销、售后服务等一系列后续服务环节中产生的增加值，这些环节通常位于价值链的下游位置。这种测算方式中的疏漏可能直接导致地位指数测量结果与事实相违背，例如，用这种方法计算出的自然资源丰富的发展中国家的GVC很可能比技术先进、服务多样的发达国家要高。（2）垂直专业化的方法假设进口的中间产品的价值由其在国外产生的增值部分决定，并假设中间产品对于出口品及非出口品的作用是一样的，这两点在生产和贸易实践中均不能完全成立。

国内外统计机构普遍认识到，现有的测量方法无法科学、准确地反映实际情况，亟须建立新的统计方法，而这种方法的基本原则是要以增加值为基础，实现对贸易流动的全面衡量。在此背景下，众多权威机构和组织纷纷开展此类研究，其中以WIOD（欧盟资助的机构）、WTO与OECD的研究最为深入，他们致力于建立一种能够分国家和地区、分产业描述出口产品来源的统计方法，于是诞生了国际投入产出数据库。通过进一步研究，恩斯特（Ernst，2002）设计出了一套系统化的垂直测度量化指标，用于测量一个国家所有出口产品中所包含的进口产品价值（VS），或者一个国家所有出口产品中作为别国的出口产品的中间投入部分的价值（VS1）。刘遵义等（2007）立足于中国贸易的特殊性，即加工贸易占对外贸易比重较大，建立了非竞争型投入产出模型，以此实现对中美贸易差额的全面评估。库普曼（Koopman）在以上研究的基础上，把来自海关的贸易数据与投入产出量表进行有机结合，借助二次规划法，构建了用于区分加工出口和非加工出口的上述模型，一方面提高了技术参数的准确性和规范性，另一方面使贸易增加值的计算可以通过海关和官方数据得以实现。王直等（2015）对库普曼（Koopman）的方法进行了扩展，对 WWZ 计算方法进行了深化研究，提出通过分解四个贸易流（总贸易流、部门贸易流、双边贸易流、双边部门贸易流）的方法剖析各个层面贸易品的价值构成，包括来源地和吸收地。

总贸易核算法能够对总出口额进行科学分解，划分为互不重复的一系列增加值，具体包括国外增加值、返回国内的增加值、出口增加值和三者重复的部分。这一方法所构建的核算框架既简洁又清晰，只需要通过获取以总价值计算的官方贸易数据和以增加值计算的国民经济数据，就可对应建立二者之间的关系。同时，总贸易核算法使贸易增加值核算法与国民经济核算法实现了标准上的统一，起到了桥梁纽带作用。通过这一方法，无论是政策制定者还是经济学家都可以通过容易获取的官方统计数据实现对全球价值链的分析。除了能够清晰、完整呈现贸易总量的构成之外，贸易核算法还在以下几方面作出了贡献：其一，对跨国分工进行重新定义并给出测量方法；其二，对重复计算的统计指标进行结果分析；其三，更正了以往相关研究文献中的一些概念性偏差；其四，在普遍流行的里昂惕夫估计方法之外找到了能够更加科学、有效解释贸易数据中隐藏的国际分工信息。受该研究成果的启发，后来的学者针对垂直专业化、增加值出口和显性比较优势指数等开展了一系列更加深入的扩展研究。尹伟华（2015、2016）在研究中美制造业、中美服务业，以及中日制造业在全球价值链中的分工情况和变化趋势时，基于 WWZ 分解法和 WIOD 数据，构建了前后向垂直专业化指数和全球价值链地位指数。

2.3

中国制造业参与全球价值链分工的进程

世界上具备完整工业体系的国家为数不多，而中国是其中之一。同时，世界上能够占据全部工业门类（以联合国分类为标准）的国家只有中国。尽管如此，中国制造业在全球经济中的参与度和分工地位没有明显优势，且参与的主要方式是大型跨国公司主导。

2.3.1 中国参与全球价值链历程

改革开放伊始，东南沿海地区兴建了大量工厂，制造业迅速发展，同时，长期附着在农村和城市的劳动力大批涌入工厂，成为制造业发展的支撑力量。随后，20世纪90年代，美国迫于全球化竞争压力，也开始在世界范围内寻找劳动力成本低廉的地区，于是在中国建立工厂，并将涉及人工成本较多的加工、包装等环节逐步转移到这些工厂。在看到生产制造过程向中国转移带来的好处后，日本及欧洲国家也陆续加入这个行列，纷纷到中国兴建工厂，招聘大量低廉劳动力完成加工、制造、包装等价值生产环节。受这些跨国公司等带动，中国逐渐由旁观者转变为全球价值链的重要参与者。

外国公司在中国建厂除了源于劳动力数量庞大、价格低廉，还因为中国的劳动力具有一定的劳动技能，能够较快参与生产过程，省去了培训成本。改革开放伴随的是计划经济的退出，取而代之的是市场经济。一方面，由于中国长期处于计划经济中，大部分企业对市场经济极为陌生、难以适应，加上长期积累的矛盾，使得企业在激烈的竞争面前手足无措，最终被市场淘汰，纷纷裁员或直接关闭。从这些关闭的工厂里面走出的大量具有一定技术水平的劳动力便涌入外国工厂，他们本来就是熟练工人，只需要简单指导，就可以快速上手，给外国企业带来极大便利。另一方面，当时中国实行的"停薪留职"制度，促使大批在政府部门、国企单位的职工离开原来的岗位，到外国工厂应聘，这部分人同样具有较好的劳动技能。与此同时，中国开始重视大学教育，大学生的数量和素质同步提升，这给在华的外国公司提供了更庞大的高素质人才队伍，使得外国公司不仅将工厂建在中国，也开始将研发中心等技术密集型的机构建在中国。

2.3.2 中国制造业在全球价值链中的体现

中国制造业总量稳居世界第一位，但质量不高，大量的产能附着在价值链低端，而高端产能明显不足。因此，处于价值链高端、对技术水平要求较高的产业往往被外国公司垄断，主要表现为电子、通信、汽车制造等行业。

分析具有代表性的电子和通信设备制造行业，可以看出，具有较高创新能力和技术水平的企业处于价值链的高端，这些企业掌握着核心芯片、零部件以及高质量整机生产环节，由于具有较高技术水平，具备行业标准话语权，其产品具有平均水平以上的高增加值，同时，这些企业赚取了价值链上六成以上的利润；相反，处于价值链较低端、技术水平较低的企业，则主要依靠劳动力获取价值链分工、分享价值链利润，这部分利润不超过全球价值链的三成（李雨，2011）。

中国电子和通信行业起步较晚，直到20世纪80年代，国家才正式将电子产品的研发、生产权交付给企业，在此之前，企业和市场没有这方面的权限。党的十二届三中全会后，国家开始大力推进电子产品的市场化进程，鼓励和支持企业研发、生产电子产品，尤其是消费用途的电子产品。在计算机系统工程的推动下，信息技术的应用越来越普遍，触及日常生活的各个领域。1997 年，中国从整体战略的高度，启动各项信息化工程。在政府的推动下，市场推出的电子和信息化产品逐步多元化，从传统信息产品到现代化信息产品，从集成电路到软硬件设计、相关服务等。在自主研发生产的同时，也开始通过各种方式引入国外先进技术，从而实现了与世界信息产业的深度融合以及与全球价值链的全面对接。PC 机是信息化产品的典型代表，它的研发和生产是经济全球化和价值链条在世界范围延伸的缩影。美国 Intel 和 AMD 公司是其中最核心器件 CPU 的研发部门，日本、韩国则主要负责内存芯片以及显示器的研究开发，中国台湾是电脑主板的主要研发地区，而硬盘由美国公司研发，由包括中国在内的亚洲国家负责制造，配件（包括鼠标、键盘等）主要由中国企业负责生产，最终的产品组装也基本上在中国进行。一台 PC 机在众多国家的共同合作下完成，然而不同国家在合作中所处的地位和表现出的重要性各不相同。

长期占据电子通信行业价值链绝对高端位置的是以美国为代表的欧美发达国家，这些国家具有先进的科学技术水平和强大的研发能力，是技术创新的引领者和行业标准的制定者，在附加值最高的价值链两端牢牢占据着主导地位，并获取了其中绝大部分利润。

在占据价值链高端的发达国家和地区中，价值分布和所处地位也不尽相同，具体来说，美国及欧洲西部部分国家具有创新优势，在价值链的创新环节具有主导地位，这些国家往往参与或主导产品、行业标准的制定，垄断大量相关知识产权，同时形成了品牌优势，他们集中精力进行品牌塑造和产品研发。同样是电子行业的主要强国，日本主要集中于消费类电子产品的生产和销售，工艺的先进性及较强的研发能力是其核心竞争力，因此，日本电子领域的发展紧随美国，位居世界第二。处于电子行业中端位置的是韩国、新加坡和中国台湾，在研发能力方面较美国、日本有一定差距，但仍能研制出少量新产品，同时拥有较为先进的生产技术，但品牌影响力和市场控制力不足。处于价值链最低端的主要是经济发展水平相对落后的发展中国家，这些国家大多因为具有大量廉价劳动力而得以参与价值链分工，主要承担电子装备最后的装配环节，也包括一些技术含量较低的零部件的生产环节。

以华为和中兴为代表的研发能力较强、向价值链高端攀升的中国本土企业，说明了中国在电子和通信领域的进步，但是，暂时无法扭转中国处于价值链低端的整体状况。总体来说，中国在电子和通信领域表现出以下特点：（1）自主研发能力偏弱，产品技术主要来自外国；（2）高校院所相关专业与市场结合度不够，研究出的科学成果难以得到有效转化；（3）产品组转能力较强，但生产能力薄弱，只能够生产一些技术含量低的部件。基于以上特点，中国的电子和通信行业始终处于低创新的组装环节，缺乏市场自主权，受制于处于价值链高端、创新和服务能力强的发达国家。

2.4
本章小结

本章对全球价值链相关理论进行了系统总结，介绍了产业分工地位的主要测算方法及其相关研究成果，同时，对不同测算方法进行了对比分析。可以确定的是，全球价值链的产生及其众多研究理论的出现从根本上改变了各国政府以及企业对于国际贸易的认识和战略决策，也使制定贸易政策所依赖的基础数据发生了变化，从而改变了贸易规则和相关政策，全球价值链研究引发的一系列变化是颠覆性的。一个国家对价值链的控制程度及通过出口所获得的价值高低直接决定其在价值链中所处的地位。最近几年，国内外学者广泛从事增加值贸易的相关研究，其中，国内学者在这方面取得了颇为丰富的研究成果，主要是围绕增加值贸易研究、测算中国制造业和高新技术产业在国际分工中所处的地位。由于经济形势不断变化、价值链分工持续调整，制造业在全球价值链中的地位也随着时间不断发生变化，因此，只有针对新情况进行持续不断的研究，才能为现有研究理论提供必要的修正与补充，同时为实践提供依据。本书的研究立足于全球价值链增加值贸易的理论成果，借助王直等学者所使用的具体研究方法，借鉴库普曼等学者提出并使用的全球价值链地位指数（$GVC\_Position$）概念，同时以 WIOD 数据库为主要数据来源，结合使用 WWZ 分解方法深入分析中国制造业在全球价值链中的具体分工、所处地位、呈现的特点及变化规律，为影响因素的发现和确定提供了较好借鉴。

第 **3** 章

中国制造业全球价值链
分工地位与动态变化

近年来，全球价值链发展迅速，学者在对其和贸易增加值的研究上也从未间断，但均离不开国家间投入产出（Inter-country Input-output，ICIO）数据库。目前，ICIO 数据库内容全面，包括经合组织（OECD）的全球投入产出数据库、联合国贸发组织的全球供应链数据库（EORA），以及美国普渡大学的全球贸易分析数据库（GTAP）。但这些数据库也存有一些问题，不是条件数据太过严格，就是经济体涵盖不全，又或者获取数据难、时间不连续等，导致研究起来比较困难，工作量比较大。2016 年，新版世界投入产出数据库 WIOD 公开发布，经济体数量有 43 个，产业部门有 56 个且数据连续，解决了 ICIO 数据库现有的一些问题。在 WIOD 数据库中，43 个经济体 GDP 占全球 GDP 的 85% 以上，更好地刻画了世界经济贸易活动情况。WIOD 中也反映了 ICIO，世界投入产出表就是对 ICIO 最好的描述，这对于全球价值链的研究提供了更有效的帮助，得到了较为广泛的使用。在此基础上综合考量，采用 WIOD 数据库数据，对中国制造业参与全球价值链的具体情况进行了分析。

3.1
全球价值链地位测算方法

在文献综述部分，本书论述了全球价值链地位常用的传统测算方法，如 GVC 地位指数、上游度指数、垂直专业化测算等，但是这些方法因假设条件与现实差距较大，存在一定的局限性，结果容易导致与现实存在误差。因此，本书借鉴库普曼等提出的全球价值链地位指数概念，参考王直等提出的"总贸易核算分解法"（WWZ 分解法）研究方法，运用 WIOD 数据库对中国参与全球价值链的分工、地位进行了全面分析，并指明了当前的现状和未来的趋势。目前，基于 WWZ 分解法测算垂直专业化程度是目前较为先进、较为细致的方法之一。

3.1.1 全球价值链分解法

里昂惕夫（Leontief, 1936）针对投入产出结构关系进行了研究，给出了贸易增加值度量的经典方程，并以棋盘式的矩阵表折射出来，反映了各国、各部门投入与产出的结构关系，同时也体现出生产单位产出需要的中间品投入情况，如此在产品最终生产后，可对每一阶段的生产进行追溯。按照其方程测算方法，当已知最终产品的总产出，则采用直接增加值率与总产出的乘积就得出了想要的增加值。

里昂惕夫经典方程（以下简称 L 方程或 L 方法）的原理可做以下理解：在组织产品的出口时，每 1 美元的产生则表示投入的各生产要素产生了第一轮增加值，这是直接增加值。我们知道在具体生产中，任何 1 美元的出口产品都需要中间值的投入，这就是第二轮增加值，也就是常说的间接增加值。然而每一个中间品或许还需要其他某种投入，也属于间接增加值。整个过程持续进行，每一个阶段的投入都可以追溯。为此，在出口 1 美元时，所产生的增加值总和为各个阶段增加值的叠加。

一般情况下，在计算某一国家的出口增加值时，该方法足以解决问题。但在实际测算时，往往需要考虑到多方面因素，从经济政策的具体应用来看，测算国内增加值时需要考虑多层面、多部分的价值及架构。如此，L 方法就难以解决此问题，因为根据其运用过程，通过分解只能得到增加值的架构，并不能解决不同国家的中间品投入问题。在 1960 年之前，中间品贸易份额相对较小，L 方法可以解决问题。但是随着近年来全球经济贸易的发展，中间品贸易已经占全球贸易总额的 70%，并且中间品被追溯到多个国家和部门，在计算总贸易值时无法割裂，在实际分析过程中必须考虑进来，L 方法也就难以解决此问题。

为了解决中间品贸易问题，有部分学者想通过 L 方法来实现，但具体过程并不简单。中间品作为不同的国家间投入与产出（ICIO），在建立模式时属于内在变量，在给定最终需求水平的情况下，还需从模型中分离出来。前文提到了王直等根据中间品的产出和最终流入地来进行分解为产品生产吸收多个部分，从而归属于不同国家不同部门（Hummels et al.，2001）。此办法将总产出、总出门这一内生变量转变为外生变量，成功解决了中间品贸易问题。

本书以 S 国、R 国、T 国作为举例分析对象，来对前面的分解思路进行解释。表 3－1 为三国的投入产出模型。

表 3－1   三国投入产出模型

投入产出		中间使用			最终使用			总产出
		S 国	R 国	T 国	S 国	R 国	T 国	
中间投入	S 国	Z^{ss}	Z^{sr}	Z^{st}	Y^{ss}	Y^{sr}	Y^{st}	X^s
	R 国	Z^{rs}	Z^{rr}	Z^{rt}	Y^{rs}	Y^{rr}	Y^{rt}	X^r
	T 国	Z^{ts}	Z^{tr}	Z^{tt}	Y^{ts}	Y^{tr}	Y^{tt}	X^t
增加值		VA^s	VA^r	VA^t	—	—	—	
总投入		$(X^s)'$	$(X^r)'$	$(X^t)'$	—	—	—	

其中，上标 s、r 和 t 表示的是三个不同的国家。Z^{sr} 和 Y^{sr} 表示的是 R 国的中间投入品（S 国提供的产品）和最终使用品，VA^s 和 X^s 代表的是 S 国增加值以及产出，余下的按照此法进行类推。上标 " ′ " 的意思为转置。由此可以假设，各国部门数统一可以记为 n 个，Z 代表 $n \times n$ 的矩阵，X 和 Y 代表 $n \times 1$ 的列向量，V 代表 $1 \times n$ 的行向量。

从行向看，表 3－1 有下列平衡式：

$$\begin{bmatrix} Z^{ss}+Z^{sr}+Z^{st} \\ Z^{rs}+Z^{rr}+Z^{rt} \\ Z^{ts}+Z^{tr}+Z^{tt} \end{bmatrix} + \begin{bmatrix} Y^{ss}+Y^{sr}+Y^{st} \\ Y^{rs}+Y^{rr}+Y^{rt} \\ Y^{ts}+Y^{tr}+Y^{tt} \end{bmatrix} = \begin{bmatrix} X^s \\ X^r \\ X^t \end{bmatrix} \tag{3.1}$$

将投入系数定义为 $A^{sr} \equiv Z^{sr}(\hat{X}^r)^{-1}$ 或 $A \equiv Z(\hat{X}^r)^{-1}$，可得：

$$\begin{bmatrix} A^{ss} & A^{sr} & A^{st} \\ A^{rs} & A^{rr} & A^{rt} \\ A^{ts} & A^{tr} & A^{tt} \end{bmatrix} \begin{bmatrix} X^s \\ X^r \\ X^t \end{bmatrix} + \begin{bmatrix} Y^{ss} + Y^{sr} + Y^{st} \\ Y^{rs} + Y^{rr} + Y^{rr} \\ Y^{ts} + Y^{tr} + Y^{tt} \end{bmatrix} = \begin{bmatrix} X^s \\ X^r \\ X^t \end{bmatrix} \qquad (3.2)$$

调整得里昂惕夫经典方程：

$$\begin{bmatrix} X^s \\ X^r \\ X^t \end{bmatrix} = \begin{bmatrix} B^{ss} & B^{sr} & B^{st} \\ B^{rs} & B^{rr} & B^{rt} \\ B^{ts} & B^{tr} & B^{tt} \end{bmatrix} \begin{bmatrix} Y^{ss} + Y^{sr} + Y^{st} \\ Y^{rs} + Y^{rr} + Y^{rt} \\ Y^{ts} + Y^{tr} + Y^{tt} \end{bmatrix} \qquad (3.3)$$

其中，$\begin{bmatrix} B^{ss} & B^{sr} & B^{st} \\ B^{rs} & B^{rr} & B^{rt} \\ B^{ts} & B^{tr} & B^{tt} \end{bmatrix} = \begin{bmatrix} I - A^{ss} & -A^{sr} & -A^{st} \\ -A^{rs} & I - A^{rr} & -A^{rt} \\ -A^{ts} & -A^{tr} & I - A^{tt} \end{bmatrix}$ 为里昂惕夫经典方程

的逆矩阵。

将里昂惕夫经典方程的右端展开，将 R 国总产出 X^r 拆分成不同最终品所拉动的产出：

$$X^r = B^{rs} Y^{ss} + B^{rs} Y^{sr} + B^{rs} Y^{st} + B^{rr} Y^{rs} + B^{rr} Y^{rr} + B^{rr} Y^{rt} + B^{rt} Y^{ts} + B^{rt} Y^{tr} + B^{rt} Y^{tt}$$

$$(3.4)$$

所以，可以将 S 国出口给 R 国的中间品分拆成 9 个部分：

$$Z^{sr} = A^{sr} X^r = A^{sr} B^{rs} Y^{ss} + A^{sr} B^{rs} Y^{sr} + A^{sr} B^{rs} Y^{st} + A^{sr} B^{rr} Y^{rs} + A^{sr} B^{rr} Y^{rr}$$

$$+ A^{sr} B^{rr} Y^{rt} + A^{sr} B^{rt} Y^{ts} + A^{sr} B^{rt} Y^{tr} + A^{sr} B^{rt} Y^{tt} \qquad (3.5)$$

式（3.5）的右边为 9 个部分，是按照这一中间出口的最终吸收地及吸收渠道。

以中间出口拆分作为基础，可以将总出口全面分解成不同来源增加值、最终吸收地的不同部分。将增加值系数定义为 $V^s \equiv VA^s (X^s)^{-1}$，$V^r$ 和 V^t 类似，完全增加值系数为

$$VB = \begin{bmatrix} V^s & V^r & V^t \end{bmatrix} \begin{bmatrix} B^{ss} & B^{sr} & B^{st} \\ B^{rs} & B^{rr} & B^{rt} \\ B^{ts} & B^{tr} & B^{tt} \end{bmatrix}$$

$$= \left[V^s B^{ss} + V^r B^{rs} + V^t B^{ts}, V^s B^{sr} + V^r B^{rr} + V^r B^{tr}, V^s B^{st} + V^r B^{rt} + V^t B^{tt} \right]$$

$$(3.6)$$

式（3.6）的右端为结果向量，所有元素均等于1，也就是所有国家和部门的增加值都可以通过任一单位的最终品来分解得到，计算依据：产品的价值来源地和产业间后向联系分解最终品的方法。对于 S 国：

$$V^s B^{ss} + V^r B^{rs} + V^t B^{ts} = u \times u = (1,1,\cdots,1) \tag{3.7}$$

E^{sr} 代表 S 国向 R 国的出口，涵盖最终和中间出口，$E^{sr} = A^{sr} X^r + Y^{sr}$。S 国总出口为 $E^s = E^{sr} + E^{st} = A^{sr} X^r + A^{st} X^t + Y^{sr} + Y^{st}$。R 国总出口为 E^r，T 国的总出口为 E^t。则式（3.2）写为

$$\begin{bmatrix} A^{ss} & 0 & 0 \\ 0 & A^{rr} & 0 \\ 0 & 0 & A^{tt} \end{bmatrix} \begin{bmatrix} X^s \\ X^r \\ X^t \end{bmatrix} + \begin{bmatrix} Y^{ss} + E^s \\ Y^{rr} + E^r \\ Y^{tt} + E^t \end{bmatrix} = \begin{bmatrix} X^s \\ X^r \\ X^t \end{bmatrix} \tag{3.8}$$

公式进行变化则得出单国模型的 L 经典方程：

$$\begin{bmatrix} X^s \\ X^r \\ X^t \end{bmatrix} = \begin{bmatrix} L^{ss} Y^{ss} + L^{ss} E^s \\ L^{rr} Y^{rr} + L^{rr} E^r \\ L^{tt} Y^{tt} + L^{tt} E^t \end{bmatrix} \tag{3.9}$$

其中，$L^{ss} = (I - A^{ss})^{-1}$ 等表示 S 国的国内里昂惕夫（Leontief）经典方程的逆矩阵（L^{rr} 和 L^{tt} 也类似）。由式（3.9）可得，S 国出口给 R 国的中间出口则为

$$\begin{bmatrix} X^s \\ X^r \\ X^t \end{bmatrix} = \begin{bmatrix} L^{ss} Y^{ss} + L^{ss} E^s \\ L^{rr} Y^{rr} + L^{rr} E^r \\ L^{tt} Y^{tt} + L^{tt} E^t \end{bmatrix} \tag{3.10}$$

结合式（3.5）、式（3.7）、式（3.10），S 国向 R 国出口 E^{sr} 分解为

$$E^{sr} = A^{sr} X^r + Y^{sr} = (V^s B^{ss})' \# Y^{sr} + (V^r B^{rs})' \# Y^{sr} + (V^t B^{ts})' \# Y^{sr}$$

$$+ (V^s B^{ss})' \# (A^{sr} X^r) + (V^r B^{rs})' \# (A^{sr} X^r) + (V^t B^{ts})' \# (A^{sr} X^r)$$

$$= (V^s B^{ss})' \# Y^{sr} + (V^s L^{ss})' \# (A^{sr} B^{rr} Y^{rr}) + (V^s L^{ss})' \# (A^{sr} B^{rt} Y^{tt})$$

$$+ (V^s L^{ss})' \# (A^{sr} B^{rr} Y^{rs}) + (V^s L^{ss})' \# (A^{sr} B^{rt} Y^{tt})'$$

$$+ (V^s L^{ss})' \# (A^{sr} B^{rr} Y^{rs}) + (V^s L^{ss})' \# (A^{sr} B^{rt} Y^{ts}) + (V^s L^{ss})' \# (A^{sr} B^{rs} Y^{ss})$$

$$+ (V^s L^{ss})' \# [A^{sr} B^{rs} (Y^{sr} + Y^{st})] + (V^s B^{ss} - V^s L^{ss})' \# (A^{sr} X^r)$$

$$+ (V^r L^{rs})' \# Y^{sr} + (V^r B^{rs})' \# (A^{sr} L^{rr} Y^{rr}) + (V^r B^{rs})' \# (A^{sr} L^{rr} E^r)$$

$$+ (V^t L^{ts})' \# Y^{sr} + (V^t B^{ts})' \# (A^{sr} L^{rr} Y^{rr}) + (V^t B^{ts})' \# (A^{sr} L^{rr} E^r) \quad (3.11)$$

式（3.11）表示的是一种双边贸易流分解模式。该模式区别于一国总出口分解，细化了各个层次的贸易流分解问题，需要同时掌握出口品的来源地和价值流向地，整个环节形成一个完美的闭合回路。

因此，通过彻底分解中间贸易品流，代入增加值系数，依据产品出口的来源点和流向点，将双边总出口划分成 16 个部分。运用图解法，总出口通过分解可得以下关系图（见图 3-1）。

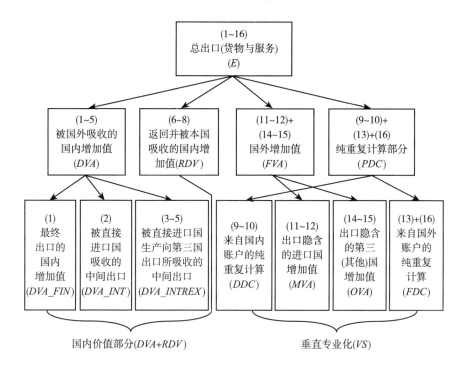

图 3-1 总贸易核算法的基本概念框架

注：E 适用于任何层级的总贸易统计数据，包括国家/部门层面、国家汇总层面、双边/部门层面和双边汇总层面。DVA 和 RDV 是基于产业部门间的后向联系计算的。

3.1.2　垂直专业化程度

一般情况下，在 GVC 的分工问题上，经济体采用两种办法参与，分别是后向参与和前向参与两种。二者的主要区别为经济体的身份不同，后向参与为使用者，主要通过进口上游或者服务参与；前向参与为供给者，主要通过出口下游或者服务参与。基于这两种方式的参与，胡梅尔等（Hummels et al.，2001）作为早期的研究者，首次全面系统界定了后向垂直专业化（VS）和前向垂直专业化（VS1）这两个概念，并通过进出口两个方向来分析 GVC 分工情况。

VS 强调的是经济体在商品的出口服务中投入的中间产品，从而折射出经济体对其他经济体的依赖状况。VS1 则有所区别，侧重于供给其他经济体的份额，主要说明的是对其他经济体的贡献程度。

以垂直专业化和 GVC 分工问题为基础，为便于研究，本书分别建立了 *VS* 和 *VS*1 两类指标体系。

$$VS = \frac{(FVA\_FIN + FVA\_INT + FDC)}{E}$$

$$VS1 = \frac{(DVA\_REX + RDV + DDC)}{E}$$

3.1.3　全球价值链地位指数

库普曼等（Koopman et al.，2011）在研究 GVC 地位指数时，采取的是经济体与经济体之间进出口中间产品或服务来确定 GVC 的分工地位。例如，经济体甲主要表现为出口中间商品或服务，其在具体参与 GVC 分工中就处于供给者的角色，属于上游经济体，那么在分工中的间接出口增加值（*IV*）所占份额比例将会超过国外增加值（*FV*）所占份额比例；反之，如若经济体甲主要表现为进口中间商品或服务，在参与 GVC 分工中就处于使用者角色，属于下游经济体，那么 *FV* 所占份额比例将会高于 *IV* 所占份额比例。库普曼等则通过构建指标 *GVC_position*，折射出全球生产网络程度及其国际分工地位。

GVC_position 代表的是本国间接附加值出口相比于国外附加值出口所差的数值：

$$GVC_{position} = \ln\left(1 + \frac{IV}{E}\right) - \ln\left(1 + \frac{FV}{E}\right)$$

$$= \ln\left(1 + \frac{DVA\_REX}{E}\right) - \ln\left(1 + \frac{FVA\_FIN + FVA\_INT}{E}\right)$$

当 *GVC_Position* 值越大，则表示经济体的出口导向，在 GVC 分工中处于上游环节；*GVC_Position* 值越小，则表示经济体的进口导向，在 GVC 分工中处于下游环节（苏庆义等，2015）。

3.2

中国制造业全球价值链分工程度和地位分析

3.2.1　中国制造业出口贸易增加值及分解

根据 3.1 节关于 WWZ 方法的计算公式和 WIOD 数据库，可以度量出 2000～2014 年中国制造业出口贸易中增加值分解，可以看到具体隐含的各部分增加值及所占比例，以及各部分增加值的变化情况。表 3 - 2 和图 3 - 2更直观地展示了相关指数的对比。

表 3 - 2　　　　　　　　中国制造业出口贸易增加值及分解　　　　　　单位：%

年份	DVA	DVA_FIN	DVA_INT	DVA_INTrex	RDV	FVA	MVA	OVA	PDC
2000	80.42	51.41	18.15	10.85	0.82	15.48	2.23	13.25	3.28
2001	80.99	51.87	18.36	10.76	0.94	14.87	2.07	12.80	3.20

续表

年份	DVA	DVA_FIN	DVA_INT	DVA_INTrex	RDV	FVA	MVA	OVA	PDC
2002	78.91	49.87	18.37	10.67	1.12	16.24	2.20	14.04	3.73
2003	75.40	47.84	17.35	10.20	1.25	18.83	2.48	16.35	4.52
2004	72.68	45.17	17.15	10.35	1.34	20.70	2.70	18.00	5.28
2005	72.66	45.89	16.87	9.90	1.27	20.80	2.82	17.98	5.27
2006	72.63	45.17	17.02	10.44	1.34	20.37	2.95	17.42	5.66
2007	72.64	45.14	17.29	10.21	1.21	20.54	2.90	17.65	5.61
2008	74.20	44.60	18.65	10.95	1.33	19.06	2.78	16.28	5.42
2009	77.99	49.09	18.92	9.98	1.54	16.29	2.35	13.94	4.18
2010	75.45	46.00	18.94	10.51	1.80	17.63	2.73	14.89	5.12
2011	75.45	44.73	19.57	11.15	2.05	17.19	2.81	14.38	5.31
2012	76.71	45.81	20.21	10.69	2.16	16.23	2.92	13.30	4.91
2013	77.02	44.49	21.51	11.01	2.28	15.72	2.82	12.89	4.98
2014	79.00	44.51	22.97	11.52	2.32	14.13	2.51	11.62	4.55

资料来源：根据 WIOD 数据库和 WWZ 分解法测算所得。

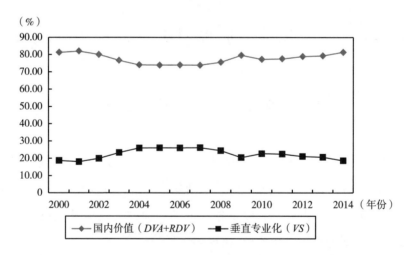

图 3-2　2000～2014 年中国制造业国内价值及垂直专业化变化情况

从贸易增加值总量来看，2000～2014 年中国制造业出口贸易增加值增长迅速，从 1.99 万亿美元增长到 19.95 万亿美元，年均增速达到 17.89%。从制造业出口贸易数据来看，国内增加值（DVA）明显小于出口贸易总额，这说明中国制造业已经全面参与整个 GVC 的分工体系，出口贸易总额的增长来源于国外的价值贡献和隐藏的附加值，很显然中国制造业在参与 GVC 中效果显著，而 *DVA* 也表现极为强势，具体数值也由 2000 年的 1.6 万亿美元增加到 2014 年的 15.76 万亿美元，年均增速达 17.74%。

简言之，中国制造业的出口贸易以最终出口的国内增加值和以中间出口的国内增加值共计三个值（*DVA_FIN*、*DVA_INT*、*DVA_INTrex*），数字由 2000 年的 1.02 万亿美元、0.36 万亿美元、0.22 万亿美元攀升至 2014 年的 8.88 万亿美元、4.58 万亿美元、2.3 万亿美元，年均增速达到 16.68%、19.89%、18.39%。

在三类 *DVA* 中，中国制造业出口贸易中的 *DVA_INT* 增速最高，*DVA_INTrex* 次之，*DVA_FIN* 在三类中增速最小，表明中国制造业被国外吸收的中间产品增长最快，这与我们国家制造业过去"两头在外"的现状是相符的。*DVA_FIN* 虽然增速最小，但总值依然还是最大的，与中国是制造业大国的现状也是吻合的，制造业还停留在加工、组装环节。

从贸易结构来看，中国在 2000~2014 年制造业出口贸易中 *DVA* 占比总体表现为先降后涨，具体数值在 2000 年为 80.42%，2006 年下降到 72.63%，2014 年则上升到 79%，这中间经历了 2008 年的金融危机和 2009 年的欧债危机，全球经济发展乏力，贸易的单边保护和"逆全球化"各种现象先后出现，GVC 的整体分工合作受到了较为严重的影响和阻碍，这与弗里斯等（Vries et al.，2012）、苏庆义等（2015）、尹伟华（2017）的研究结果基本保持一致。数据显示，制造业出口贸易中 *DVA_FIN* 占比有明显的下滑趋势，2000 年为 51.41%，而 2014 年则下降到了 44.51% 和 32.02%，下降了 6.91 个百分点。与此相反，出口贸易中 *DVA_INT* 占比却有明显的上升趋势，2000 年为 18.15%，而 2014 年则上升到了 22.97%，上升了 4.82 个百分点。制造业出口贸易中 *DVA_FIN* 和 *DVA_INT* 的占比下降与上升，这说明了在 GVC 分工中的地位正在逐渐提高，这个现象与服务业研究结果一致（尹伟华，2017），说明在 2000～2014 年的 15 年间，中国整体在 GVC 分工中的地位明显在逐步攀升。

制造业出口后又回流到本国市场再被吸收的国内增加值 RDV 有上升趋势，2000～2014 年从 0.94% 到 2.32%，上升了 0.67 个百分点，这说明了中间品正在被广泛用于出口再生产，但最终又回到了国内市场消费，也从一定程度表明中国制造业正在向中高端价值链攀升。但是，RDV 占比依然偏低，这与中国制造业自主创新能力依然不高有关，发达国家在产品的设计、创新及核心架构等高端环节依然具有主导作用，这是中国下一步需要努力的重点。

制造业国外增加值 FVA 占比总体表现出先升后降的趋势，2000～2007 年从 15.48% 增长到 20.54%，再下降到 2014 年的 14.13%，说明中国制造业出口产品中使用国外产品越来越多。但 2018 年经济危机后，全球价值链受到了较为严重的影响，中国制造业出口中 FVA 占比下降。这个过程中出口隐含的第三国家增加值 OVA 占比与出口隐含的进口国增加值 MVA 相比较高，2014 年 FVA 在 14.13% 的占比中，MVA 占比为 2.51%，OVA 为 11.62%，这说明了目前中国制造业正在升级转型，向全球价值链的中高级转变，一些价值链低端的产品越来越多从第三国家进口，跨国生产分工的趋势越来越明显。

中国制造业出口中纯重复计算部分 PDC 占比表现出上升趋势，2000～2014 年从 3.28% 涨到 4.55%，这说明国内生产的中间品在各个经济体间流动次数增多，这与中国参与国际分工程度不断加深的趋势一致。

3.2.2 中国制造业全球价值链分工程度及地位动态变化分析

垂直专业化这一概念目前在经济学领域的应用广泛，主要表述的是国家总出口中的国外价值部分，用于度量跨国生产分工的综合性统计指标。根据垂直专业化公式，对出口贸易总额进行分解，计算出垂直专业化率和构成，来分析判断中国制造业参与 GVC 的程度。同时，计算中国制造业 2000 ~ 2014 年 GVC 地位指数（见表 3 – 3）。

表 3 – 3   中国制造业垂直专业化程度及 GVC 地位变化

年份	GVC	VS 后向	VS1 前向
2000	– 0.04093	0.185075	0.119258
2001	– 0.03641	0.177917	0.119791
2002	– 0.04915	0.195704	0.121881
2003	– 0.07540	0.228139	0.119902
2004	– 0.08962	0.252998	0.123760
2005	– 0.09457	0.253121	0.119318
2006	– 0.08613	0.251423	0.126656
2007	– 0.08960	0.252338	0.123403
2008	– 0.07053	0.235875	0.131694
2009	– 0.05584	0.197352	0.122551
2010	– 0.06238	0.218031	0.132583
2011	– 0.05284	0.215334	0.141681
2012	– 0.04886	0.201494	0.138298
2013	– 0.04154	0.196739	0.143214
2014	– 0.02312	0.176923	0.148292

资料来源：根据 WIOD 数据库和 WWZ 分解法测算所得。

表 3 – 3 中，从制造业全球价值链地位指数来看，2000 ~ 2014 年中国制造业在 GVC 中的地位指数始终为负，并且 GVC 地位呈现先下降后上升的趋势，从 2000 年的 – 0.04 下降到 2008 年的 – 0.09，再上升到 2014 年的 – 0.023，这与前文分析的趋势基本保持一致，说明金融危机对中国制造业全球价值链地位影响是割裂的，但 2008 年以后中国制造业 GVC 有逐步向中上游攀升的态势，这与许多专家的研究结论基本一致。

从制造业融入全球价值链分工程度（垂直专业化程度）来看，中国制造业前向垂直专业化程度（VS1）显著低于同期的后向垂直专业化程度

（VS），说明中国制造业融入 GVC 分工体系中的主要方式是后向参与。中国制造业前向垂直专业化程度（VS1）呈现显著的上升趋势，表明制造业参与 GVC 分工程度均在逐渐加深；后向垂直专业化程度（VS）呈现先上升后下降的趋势，2008 年国际金融危机之前，后向垂直专业化程度（VS）值从 0.185 上升到 2007 年的 0.2523，金融危机之后后向垂直专业化程度（VS）呈下降趋势，下降到 2014 年的 0.1769，表明制造业 GVC 受到了破坏和割裂。对后向垂直专业化程度（VS）的影响程度更大，其原因是因为中国靠着丰富的廉价劳动和自然资源形成的加工贸易，从而以 VS1 的方式参与 GVC 分工体系之中。但 2008 年的全球金融危机改变了原来的参与模式，受劳动成本、环保以及外需等因素的影响，一些加工贸易较原来有所减弱，导致了中国制造业 VS1 参与 GVC 分工大幅下滑。

通过图 3-3 可以看出，制造业全球价值链地位与后向垂直专业化程度（VS）呈相反的方式，整体上涨趋势与前向垂直专业化程度（VS1）相似。尤其是 2001~2005 年，VS 指数持续上升，而 GVC 地位指数则持续下降；2010~2014 年，VS 指数持续下降，而 GVC 地位指数则持续上升。后向垂直专业化程度（VS）反映该经济体出口依赖其他经济体出口的程度，说明随着中国制造业出口对其他经济体出口的依赖降低，而全球价值链分工呈现上升的趋势。同时，前向垂直专业化程度（VS1）反映

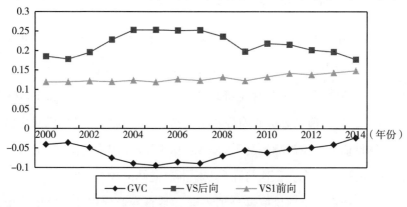

图 3-3　2000~2014 年制造业全球价值链地位及垂直专业化分解变化

该经济体出口贡献其他经济体出口的程度，中国制造业的 VS1 呈现较弱的上升趋势，说明中国制造业的出口贡献不断上升，反映参与全球价值链分工的地位不断提高。

3.3

制造业全球价值链分工程度和地位
——中国与 G6 国家比较

WIOD 包含了 40 个国家和地区、1 个其他地区。为了横向比较中国与其他国家制造业参与全球价值链分工的差异及变化趋势，我们选取两类代表性国家进行对比分析，一类是以 G6 国家为代表的发达国家，另一类是金砖国家、新型工业化国家为代表的发展中国家，可以看出中国与其他国家在全球价值分工的变化情况。

本书测算了 2004~2014 年 G6 国家制造业参与全球价值链分工程度和地位比较，受限于篇幅，表 3-4 列出了 2004 年和 2014 年中国与 G6 国家制造业参与全球价值链分工程度和地位比较情况。从制造业出口总额和增加值情况看，2014 年，中国制造业出口总额 1994636 亿美元，已经超过了美国，达到世界第一。从出口总额中的国内增加值 DVA 占比情况来看，依然是中国占比最高，达到了 79%；美国次之，达到了 73.57%；最低的是法国，为 62.96%。

表 3-4　　　2004 年和 2014 年中国与 G6 国家制造业参与全球
价值链分工程度和地位比较情况

年份	国家	GVC	VS 后向	VS1 前向	出口总额 E（亿美元）	国内增加值 DVA（亿美元）
2004	中国	-0.08962	0.252998	0.123760	517945.7	376437.5
2004	德国	-0.16941	0.245411	0.178581	759444.5	546551.7
2004	法国	-0.20082	0.290671	0.160296	359799.9	247991.3
2004	英国	-0.15869	0.233291	0.191399	291471.7	217800.3

续表

年份	国家	GVC	VS 后向	VS1 前向	出口总额 E（亿美元）	国内增加值 DVA（亿美元）
2004	意大利	− 0.15103	0.215928	0.170078	308485.8	237671.8
2004	日本	0.077561	0.126541	0.201314	481806.4	411693.9
2004	美国	0.033425	0.136025	0.266057	573577.1	418161.4
2014	中国	− 0.02312	0.176923	0.148292	1994636.0	1575766.0
2014	德国	− 0.19887	0.307016	0.178809	1311954.0	861703.1
2014	法国	− 0.22994	0.354178	0.158499	455118.4	286517.9
2014	英国	− 0.19961	0.306181	0.175179	306564.4	207707.1
2014	意大利	− 0.19283	0.293798	0.169062	473098.3	329099.4
2014	日本	− 0.02919	0.262977	0.171879	667599.0	483314.7
2014	美国	0.006699	0.174734	0.224155	1047969.0	771012.7

资料来源：根据 WIOD 数据库和 WWZ 分解法测算所得。

从制造业参与全球价值链分工地位来看（见图 3 - 4），中国的上升趋势明显，在 2014 年已经超越了日本，仅次于美国，高于大部分的 G6 国家。美国一直保持较为平稳的状态，相对而言日本的 GVC 地位一直下降。日本的 GVC 地位指数处于明显下降趋势，这与日本近年来的国际出口情况基本一致。美国一直保持较为稳定的 GVC 地位指数，但也

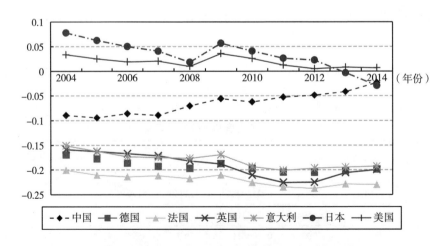

图 3 - 4 2004～2014 年 G6 国家全球价值链地位对比

从 2000 年的 0.033 下降到 2014 年的 0.006。G6 国家整体呈现下降趋势，这与近年来新兴经济体崛起和美国制造业服务化、服务业等产业发展较快有关，美国重申"制造业回归"也反映出制造业下行带来的危机。

从制造业参与全球价值链分工程度看（垂直专业化程度）（见图 3 - 5），垂直专业化后向（VS）指数变化趋势基本一致，其中法国一直处于最高位置，美国处于最低位置，中国前期高于美国和日本，在 2010 年以后下降趋势显著，与美国处于差不多水平，低于其他国家，同一时期日本呈现明显上扬的趋势；垂直专业化前向（VS1）指数动态变化趋势不一，美国始终处于最高位置，而中国处于最低位置，日本好于其他欧洲国家。后向垂直专业化程度（VS）反映该经济体出口依赖其他经济体出口的程度，前向垂直专业化程度（VS1）反映该经济体出口贡献其他经济体出口的程度，说明美国制造业对其他经济体国家出口的依赖最低，而对其他国家的贡献最大，这与美国全球第一大经济体的地位符合。相对来说，中国制造业虽然 VS1 呈现较弱上升的趋势，但与 G6 的这些发达国家相比，依然处于劣势地位，仍需继续加强和改进。

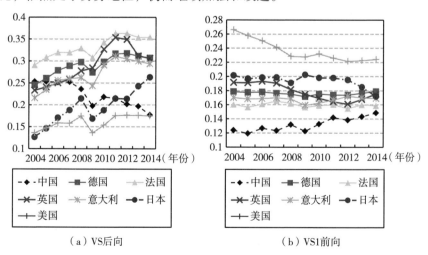

（a）VS后向　　　　　　　（b）VS1前向

图 3 - 5　2000～2014 年 G6 国家制造业参与全球价值链分工程度（垂直专业化程度）对比

3.4

制造业全球价值链分工程度和地位
——中国与新兴经济体比较

本节测算了 2004～2014 年新兴经济体制造业参与全球价值链分工程度和地位比较，其中韩国是传统的亚洲制造强国；巴西、俄罗斯与中国均为重要的新兴经济体。受限于篇幅，表 3-5 列出了 2004 年和 2014 年的新兴经济体制造业参与全球价值链分工程度和地位比较情况。从制造业出口总额和增加值情况看，2014 年，中国制造业出口总额为 1994636 亿美元，远高于其他三国。从出口总额中的国内增加值 DVA 占比情况来看，俄罗斯为 79%、韩国为 87.9%、巴西为 61.46%，韩国显著高于中国，反映韩国的出口水平较高，这与韩国作为重要制造业出口国家的地位相符。

表 3-5　　2004 年和 2014 年新兴经济体制造业参与全球
价值链分工程度和地位比较情况

年份	新兴经济体	GVC	VS 后向	VSI 前向	出口总额 E（亿美元）	国内增加值 DVA（亿美元）
2004	中国	-0.08962	0.252998	0.123760	517945.7	376437.5
	俄罗斯	-0.07370	0.112391	0.304781	44318.7	39018.2
	韩国	-0.21256	0.315705	0.160206	250293.8	169412.2
	巴西	0.025712	0.155407	0.156288	85395.9	71946.8
2014	中国	-0.02312	0.176923	0.148292	1994636.0	1575766.0
	俄罗斯	-0.07174	0.109661	0.308443	144997.7	127474.2
	韩国	-0.24754	0.378050	0.147585	598561.4	367883.1
	巴西	0.031774	0.164280	0.168539	146751.8	121961.3

资料来源：根据 WIOD 数据库和 WWZ 分解法测算所得。

从制造业参与全球价值链分工地位看（见图 3-6），新兴经济体整体处于上升趋势或平稳趋势，中国依然低于巴西，高于俄罗斯和韩国，韩国处于最低位置。作为新兴经济体，巴西一直处于较高位置，在 0.03 左右波动，综合对比来看仅次于美国。但据分析发现，GVC 地位指数较高的国家都拥有着某些自然资源的比较优势，巴西在这方面较为突出，这也是其处于高位的原因所在。韩国处于最低，这与韩国出口总量较小相关。

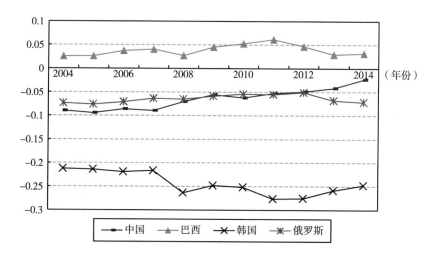

图 3 − 6　2004～2014 年新兴经济体制造业全球价值链地位对比

从制造业参与全球价值链分工程度看（垂直专业化程度）（见图 3 − 7），垂直专业化后向（VS）指数变化趋势基本一致，韩国一直处于最高位置，俄罗斯处于最低位置，中国仅次于韩国，高于巴西和俄罗斯；并且中国与韩国变化趋势相似，在 2010 年以后下降趋势显著，同一时期巴西和俄罗斯呈现明显上扬的趋势；垂直专业化前向（VS1）指数变化更明显，俄罗斯处于最高位置，中国在 2010 年处于最低，2011 年以后超越韩国。

后向垂直专业化程度（VS）反映该经济体出口依赖其他经济体出口的程度，前向垂直专业化程度（VS1）反映该经济体出口贡献其他经济体出口的程度，说明俄罗斯制造业对其他经济体国家出口的依赖最低，而

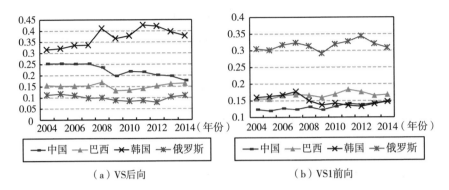

（a）VS后向　　　　　　　　　　　（b）VS1前向

图 3 - 7　新兴经济体制造业全球价值链分工程度（垂直专业化）对比

对其他国家的贡献最大，这可能与俄罗斯以重工业、军工业出口为主；而韩国的出口依赖其他经济体出口，这与韩国的产业与国外配套较多为主。相对而言，中国出口依赖其他经济体出口的程度相对较高，但是出口贡献其他经济体出口的程度却很低，这说明中国的垂直专业化程度总体较低，亟须进一步加强，应着重提升出口贡献其他经济体出口的程度，从整体上提升核心竞争力。

总体来看，GVC 地位指数较高的国家中，既有发达国家，也有发展中国家，这就说明了国际分工地位的高低并不完全取决于一个国家经济的发达程度，之所以存在一些发展中国家能够占据全球价值链的较高位置，是因为这些国家往往具有某方面的资源优势，丰富的自然资源有利于提升其在 GVC 中的分工地位。中国制造业 GVC 地位指数整体来说还处于比较低的位置，在全球价值链中的分工地位并不高，虽然有逐渐向上攀升的过程，但是还有很大的发展和进步空间。

3.5

中国参与制造业全球价值链分工程度和地位
——基于细分行业

WIOD 2016 数据库以 ISIC Rev. 4 为标准对行业类别进行了重新划分，

共分为 56 个类别。受行业划分标准的影响，对于大多数国家来说，对"机械设备维修安装"这一具体类别的统计结果为零，为了规避这种影响，保持研究的一致性和科学性，将上述行业剔除。此外，为了对制造业服务化的现象和特点进行分析，从而对比不同国家在制造业服务化方面的异同，本书从技术角度对制造业进行了细分和归类。同时，参照 OECD 制造业技术水平划分的分类标准，结合本书的研究需要，将制造业 18 个子行业进行技术水平的划分。

表 3-6　　　　　　　　　　　　制造业技术水平分类

代码	WIOD 的行业分类	制造业 技术水平
C10 ~ C12	食品、饮料和烟草制造业	低技术
C13 ~ C15	纺织品、服装和皮革制品制造业	低技术
C16	木材及其制品业（除家具外）	低技术
C17	造纸和纸制品业	低技术
C18	印刷和记录媒介复制业	低技术
C19	石油加工、炼焦和核燃料加工业	中技术
C20	化学原料和化学制品制造业	高技术
C21	医药制造业	高技术
C22	橡胶和塑料制品业	中技术
C23	非金属矿物制品业	中技术
C24	基础金属制造业	中技术
C25	金属制品业	中技术
C26	计算机、电子及光学仪器制造业	高技术
C27	电气设备制造业	高技术
C28	机器及设备制造业	高技术
C29	汽车、挂车及半挂车制造业	高技术
C30	其他运输设备制造业	高技术
C31 ~ C32	家具制造业及其他制造业	低技术

资料来源：OECD 制造业技术水平分类标准。

3.5.1　细分行业出口贸易增加值及分解分析

制造业概念的提出，是相对于资源采集行业和原材料供应行业而言的，它是指能够生产和制造终端消费品的行业部门。可以说，一个国家制造业的发展状况能够比较好地反映其生产力状况，可以作为描述国家和地区经济发达与否的指标之一。中国制造业起步较晚、发展缓慢，自20世纪70年代改革开放以后才进入快速发展时代，从而逐渐建立起规模庞大的制造业体系。把18类制造业按照技术水平分类，计算出不同的技术水平制造业出口的增加值及分解情况。表3-7、表3-8、表3-9分别展示了低、中、高技术水平的制造业出口贸易增加值分解情况。通过表3-7的分析，可以看到低技术水平制造业 DVA 整体来看呈下降趋势，从2000年的82.33%下降到2014年的75.33%，2002年达到最低的66.72%。总体来看，中国的低技术水平制造业在全球价值链中处于相对较高的地位。

表3-7　　　　　　低技术水平制造业出口贸易增加值及分解情况　　　单位: %

年份	DVA	RDV	FVA	PDC
2000	82.33	0.37	15.65	1.66
2001	75.57	2.53	15.08	6.82
2002	66.72	1.53	24.99	6.76
2003	83.57	0.35	14.65	1.43
2004	78.99	2.25	13.39	5.38
2005	69.18	1.54	23.03	6.25
2006	84.75	0.37	13.56	1.31
2007	82.48	1.86	11.45	4.21
2008	73.39	1.46	19.75	5.39
2009	85.78	0.33	12.78	1.11
2010	83.71	1.58	10.83	3.87
2011	76.04	1.24	17.96	4.76
2012	85.37	0.33	13.14	1.16
2013	82.62	1.48	11.53	4.37
2014	75.33	1.02	18.89	4.76

资料来源: 根据 WIOD 数据库和 WWZ 分解法测算所得。

表 3 - 8 　　　　　　中技术水平制造业贸易增加值及分解情况　　　　单位：%

年份	DVA	RDV	FVA	PDC
2000	89.02	0.82	9.02	1.33
2001	78.12	3.24	13.02	3.12
2002	75.20	2.69	16.47	2.83
2003	88.11	0.76	9.94	1.41
2004	75.78	3.31	14.63	3.33
2005	72.82	2.64	18.34	3.27
2006	88.00	0.69	10.16	1.40
2007	75.64	3.10	14.89	3.27
2008	72.55	2.49	18.94	3.43
2009	86.66	0.64	11.39	1.42
2010	74.31	3.15	15.47	2.85
2011	71.44	2.33	19.80	3.33
2012	86.87	0.50	11.48	1.33
2013	75.85	2.73	15.14	2.68
2014	71.11	2.09	20.45	3.27

资料来源：根据 WIOD 数据库和 WWZ 分解法测算所得。

表 3 - 9 　　　　　　高技术水平制造业贸易增加值及分解情况　　　　单位：%

年份	DVA	RDV	FVA	PDC
2000	88.60	0.43	10.08	1.14
2001	79.17	2.46	13.26	2.32
2002	73.13	1.83	19.64	2.88
2003	85.74	0.37	12.70	1.58
2004	75.72	2.31	14.71	2.48
2005	68.99	1.48	22.82	3.36
2006	84.51	0.31	13.95	1.69
2007	75.48	2.16	15.08	2.29
2008	66.38	1.40	24.95	3.61
2009	83.76	0.33	14.51	1.77
2010	75.29	2.35	15.09	2.26
2011	66.37	1.59	24.65	3.71
2012	83.11	0.31	15.15	1.77
2013	75.25	2.26	15.69	2.12
2014	66.53	1.53	25.05	3.54

资料来源：根据 WIOD 数据库和 WWZ 分解法测算所得。

图 3 - 8 展示了国内增加值（DVA）占比对比情况。各技术水平制造业均保持稳步上升的趋势，高技术制造业出口中 DVA 占比从 2000 年的 66.53% 上升到 2014 年的 88.60%、中技术制造业从 2000 年的 71.11% 上升到 2014 年的 89.02%，低技术制造业从 2000 年的 75.33% 上升到 2014 年的 82.33%。从图 3 - 4 可以看出，2000 年初，中、高技术制造业 DVA 占比高于低技术制造业，但随着制造业出口整体规模的不断扩大，到 2014 年形成了低技术制造业占比最高，中技术制造业其次、高技术制造业最低的情况。根据分析，这可能是源于两方面的原因：首先缺乏技术含量的制造业一般都属于劳动力密集型产业，而中国在这方面具有比较优势，由此可以获取这一产业中大部分的贸易增加值；其次，当劳动力优势逐渐弱化，劳动密集型产业经历从加工贸易向一般贸易转变。

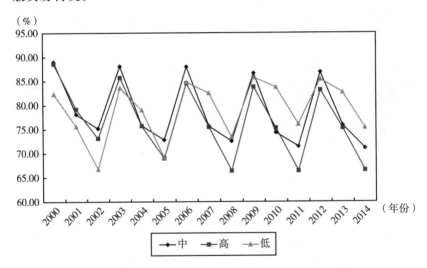

图 3 - 8　2000 ~ 2014 年三类技术水平制造业的 DVA 占比对比

图 3 - 9 展示了出口中返回并被本国吸收的国内增加值（RDV）占比情况。三类技术水平制造业出口中 RDV 占比呈现以下特点：第一，技术含量中等的制造业 RDV 占比最大，高技术含量的 RDV 占比相对较小，低技术含量的 RDV 占比最小；第二，各技术等级的制造业 RDV 占比虽有差

别，但总量都很低，这也表明中国制造业在全球价值链中的地位虽呈上升趋势但仍处于低端；第三，技术含量在中高等的制造业 *RDV* 占比高于技术含量低的制造业这一事实表明技术含量的高低是融入价值链程度的重要因素。我国近年来实施转型升级、科技创新等战略部署，虽然在高新技术领域水平依然落后于美国等发达国家，但是在中端技术的研发创新能力方面，随着"人口红利"的消失，劳动力成本的上升，使得一些低端行业中大量下游环节向东南亚周边国家转移，本地的中端环节有望向价值链高端攀升，实现产业内的换档升级，这也是中技术水平制造业 *DVC* 占比维持较高水平的原因所在。

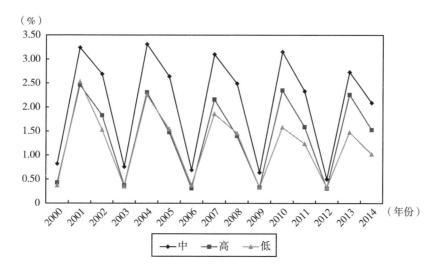

图 3 – 9   三类技术水平制造业的 *RDV* 占比对比

图 3 – 10 展示了三类技术水平制造业国外增加值（*FVA*）占比情况。三类技术水平制造业出口中的 *FVA* 占比呈现排列从低、中、高，变化为高、中、低的趋势，2014 年高技术水平制造业出口中 *FVA* 占比跃居最高，达到 25.05％，表明中国高技术制造业参与全球价值链分工的程度是最高的，说明中国高端制造业参与全球价值链分工已经占据了一席之地。

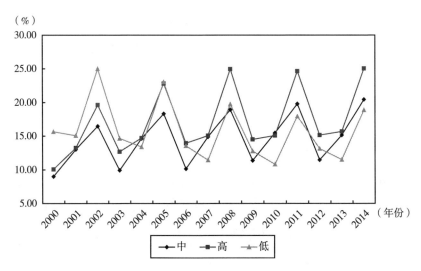

图 3 – 10　三类技术水平制造业的 *FVA* 占比对比

图 3 – 11 展示了三类技术类别制造业纯重复计算部分（*PDC*）占比情况。三类技术类别制造业出口中 *PDC* 占比变化趋势和 *FVA* 占比变化趋势基本一致。高技术水平制造业占比最高、中技术水平制造业次之、低技术水平制造业占比最低，同样说明高技术制造业参与全球价值链分工程度较高。

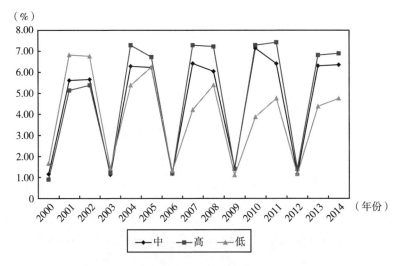

图 3 – 11　三类技术水平制造业的 *PDC* 占比对比

整体来看，中国的低技术制造业在全球价值链中处于相对优势的地位。中国的中、高技术水平制造业依然有待提升。我们已经认识到，中国制造业要迈向高质量发展新阶段，必须加快促进在高技术水平制造层面如精密仪器、精密机械、高级材料工业等进一步转型提升。

3.5.2 细分行业分工程度分析

对三类技术水平制造业参与全球价值链分工程度进行分析，得出根据出口贸易垂直专业化程度公式。可以看出，高技术水平制造业和低技术水平制造业后向垂直专业化程度（VS）均显著高于同期的前向垂直专业化程度（VS1），表明高技术水平制造业和低技术水平制造业主要是以前后参与方式融入 GVC 分工体系。而中技术水平制造业前向垂直专业化程度（VS1）均显著高于同期的后向垂直专业化程度（VS），即主要是通过向其他经济体提供服务参与 GVC 分工。

从后向垂直专业化程度（VS）对比来看（见图 3 – 12），呈现高、中、低的从大到小排列趋势，说明高技术水平制造业以前后参与方式融入 GVC 分工体系的表现要高于低技术水平制造业，这也在一定程度上反

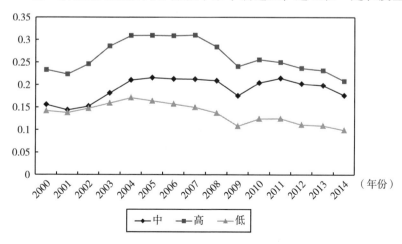

图 3 – 12　三类技术水平制造业的 VS 对比

映了高技术水平制造业出口更依赖其他经济体出口，依赖程度较高，这与中国高技术水平制造业发展一般显示相符。

从前向垂直专业化程度（*VS*1）对比来看（见图 3 – 13），呈现中、高、低的从大到小排列趋势，表明了高技术水平制造业参与 GVC 分工地位相对低于中技术水平制造业的现实。

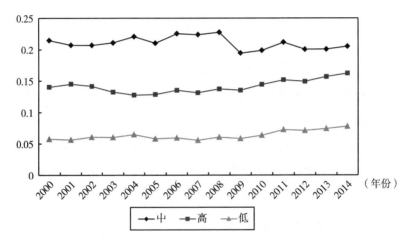

图 3 – 13　三类技术水平制造业的 *VS*1 对比

3.5.3　细分行业全球价值链地位分析

为进一步研究三类技术水平制造业参与 GVC 分工地位的变化情况，基于 GVC 分解结果及分工地位指数公式，测算出 2000 ~ 2014 年三类技术水平制造业参与 GVC 分工的地位指数，具体结果如表 3 – 10 所示。

表 3 – 10　　　　　　三类技术水平制造业的 GVC 地位对比　　　　单位：%

技术水平	2000 年	2002 年	2004 年	2006 年	2008 年	2010 年	2012 年	2014 年
低	-12.35	-12.72	-14.54	-13.55	-11.95	-10.87	-9.68	-8.64
中	-10.92	-10.84	-14.05	-14.06	-13.72	-14.10	-13.88	-12.24
高	-17.30	-18.03	-22.31	-22.03	-20.55	-18.60	-17.34	-15.24

注：受篇幅所限，仅展示隔年的 GVC 地位指数值。
资料来源：根据 WIOD 数据库和 WWZ 分解法测算所得。

从表 3 – 10 可以看出，三类技术水平制造业变化趋势与制造业整体水平变化趋势基本一致。但参与 GVC 分工的地位指数区分较大，高技术水平制造业始终处于较低的水平，2000 年的值为 – 17.30，2014 年这一指标为 – 15.24，均处于三类技术水平制造业中的最低，但与其他两类的差距幅度缩窄。低技术水平制造业一度小于中技术水平，2000 年的数值为 – 12.35，但到 2014 年这一指标上升为 – 8.64，低技术水平制造业 GVC 地位最高，反映出中国低技术水平制造业在全球价值链地位更重要。

图 3 – 14 更加直观地展示了高、中、低技术水平制造业的全球价值链地位，可以看出，三类技术水平制造业的全球价值链地位的变动趋势基本一致，均处于先降低后攀升的态势，这与 2008 年前后的全球性金融危机相关，在前文已经详细说明。2009 年后，整体的 GVC 地位处于较好的水平，维持上升的态势。但总体可以看出，低技术技术水平制造业的全球价值链地位在 2005 年超过中技术水平，处于最高，高技术技术水平制造业的全球价值链地位攀升速度较快，与其他两类的差距逐渐缩窄。整体来说，可以反映出中国制造业参与国际竞争的行业仍然主要是中、低技术含量的制造业，但同时呈现出向高新技术制造业转型的趋势。纺织

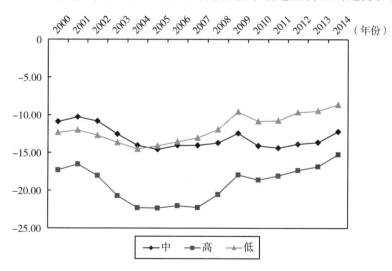

图 3 – 14　三类技术水平制造业的 GVC 地位对比

业是中低技术型企业的代表，其发展主要依赖劳动力资源优势，在国际分工中保持较高参与度，表明中国像纺织这种传统产业在国际分工中的地位较高，竞争实力也较强。中国高技术水平产业主要集中在化学品、矿产品等领域，这些产业属于资本密集型，在国际分工中的地位处于稳步提升阶段，尤其是前向参与度，表现出良好的增长态势，这充分说明，这些产业的国内出口附加值在快速增长。

3.6

本章小结

本章围绕中国制造业出口贸易增加值分解、参与全球价值链分工程度和全球价值链地位，就中国制造业全球价值链、与其他国家的国际比较和三类技术水平制造业进行了分析和比较，可以说是进行了比较详细和具体的分析。

从中国制造业参与 GVC 分工程度和地位来看，中国制造业后向垂直专业化程度（VS）与前向垂直专业化程度（$VS1$）相比明显偏高，这代表中国制造业参与国际分工主要依靠后向参与方式。总体来说，中国制造业 $VS1$ 呈现显著的上升趋势，表明制造业参与 GVC 分工程度均在逐渐加深；VS 呈现先上升后下降的趋势，2008 年国际金融危机之前，VS 值从 0.185 上升到 2007 年的 0.2523，金融危机之后 VS 呈下降趋势，下降到 2014 年的 0.1769，表明制造业 GVC 受到了破坏和割裂。从地位指数来看，2000~2014 年中国制造业在 GVC 中的地位指数始终为负，并且 GVC 地位呈现先下降后上升的趋势，2008 年以后中国制造业 GVC 有逐步向中上游攀升的态势。

从国际比较来看，中国 GVC 地位指数上升趋势明显，在 2014 年已经超越了日本，仅次于美国，高于大部分的 G6 国家。美国一直保持较为稳定的 GVC 地位指数，从 2000 年的 0.033 下降到 2014 年的 0.006，G6 国家整体呈现下降趋势，与近年来新兴经济体崛起和美国制造业服务化、服务业等产业发展较快有关。新兴经济体整体处于上升趋势或平稳趋势，中国依然低于巴西，高于俄罗斯和韩国，韩国处于最低位置。作为新兴经济体，巴西一直处于较高位置，在 0.03 左右波动，巴西拥有某些自然资源的比较优势，这也是其处于高位的原因。韩国处于最低，这与韩国出口总量较小相关。

从不同技术水平制造业来看，高技术水平制造业和低技术水平制造业后向垂直专业化程度（VS）均显著高于同期的前向垂直专业化程度（VS1），表明高技术水平制造业和低技术水平制造业主要是以前后参与方式融入 GVC 分工体系。而中技术水平制造业前向垂直专业化程度（VS1）均显著高于同期的后向垂直专业化程度（VS），即主要是通过向其他经济体提供服务参与 GVC 分工。从 GVC 分工地位来看，参与 GVC 分工的地位指数区分较大，高技术水平制造业始终处于较低的水平，但与其他两类的差距不断缩小。目前低技术水平制造业更高，反映出中国低技术水平制造业在全球价值链中的地位更重要。整体来说，可以反映出中国制造业参与国际竞争的行业依然以低、中技术水平制造业为主，但已经逐渐向高技术水平制造业过渡。

整体来看，中国制造业在全球价值链中的分工程度和地位有一定程度的改进和提升，已经占据越来越重要的地位。但是相较于美国等传统发达国家、巴西等资源禀赋型国家来看，还存在一定差距，尤其是在高端制造方面，美国依然领先于中国。将高、中、低三类技术水平制造业进行对比分析来看，中国的低技术水平制造业依然占据较高水平，占据绝对优势，中技术水平制造业在全球价值链的分工中表现优于低技术水平制造业，可以看到中技术水平制造业在全球价值链地位在攀升，但是高技术水平制造业依然处于劣势，还有待进一步改进提升，是中国未来发展的重点。

第 **4** 章

中国制造业参与全球价值链
分工的地位升级机制

第 3 章利用 WWZ 分解法进行了分析，指出中国制造业在参与全球价值链的过程中，地位有一定程度的改进和提升，已经占据越来越重要的地位。中国制造业在全球价值链分工中的地位是如何升级的，是我们需要考虑的重点。因此，本书在第 3 章研究的基础上，进一步剖析中国制造业参与全球价值链分工地位升级的相关机制，分析其内涵、路径及动力等，为进一步提升中国制造业参与全球价值链分工地位奠定基础。

4.1

分工地位升级的内涵

从产业经济学角度看，制造业归属于产业范畴，认为产业升级是产业从低层次过渡到高层次的升级过程，具体可以归结为，通过采取改进生产要素配置、生产结构改变、提升产品质量、提高生产效率等手段促使产品附加值提高。从过程上看，产业升级是资源配置的两种过程，一种是资源在不同产业间配置，另一种是资源在高效率和低效率企业之间的配置。最早进行全球价值链企业研究的学者是波特，他曾指出，衡量产业升级的标准是，一个国家或地区发展资本密集型产业具备的要素相比较发展技术密集型产业更具优势，换言之，资本的资源优于初级劳动力资源，这种状态可以视为某一国或地区实现"产业升级"。在产业经济学中，认为"产业升级"是产业层次的升级，其中产业结构的优化起到重要作用（马云俊，2010）。

中国制造业不断通过各种手段与措施力争提升全球价值链分工地位的升级，主要采取优化产业结构、高精尖技术新进、完善管理体制等一系列手段以期进入增加值贡献率更高层次的生产活动领域（乔小勇等，2017）。

4.2
中国制造业全球价值链分工升级路径

发展中国家参与全球价值链提升主要包括两个过程：一是从外到内的过程，主要是原来在全球价值链外，通过外部环节嵌入全球价值链的过程；二是内部层级的爬升，也就是从增加值较低的制造业全球价值链层级逐渐攀升至高层级全球价值链环节的过程。1945 年，第二次世界大战结束，众多亚非拉国家取得民族独立，开始逐步发展本国经济，受原有殖民地、半殖民地经济影响，初级农、矿业产品价格较低并持续下跌，相较而言，发达国家生产的消费品价格却持续上涨，亚非拉国家采取部分手段缩小发达国家与发展中国家之间的不平等贸易，大部分国家采取内向型经济发展战略，提升并发展本国民族工业。具体措施主要包括实行进口替代产业政策，对涉及相关产业的产品进口实行管控，跨国投资设置限制门槛等一系列措施，致使本国经济相对独立，处于制造业全球价值链外。

在全球价值链分工中，中国看到了以亚洲的韩国、新加坡等"四小龙"为代表的发展中国家和地区的发展历程，发现他们有着共同的发展特点，经历了以进口替换工业化的过渡，然后逐步实现出口导向战略。改革开放后，尤其是在 20 世纪 90 年代前后，中国大力引进外资，受益于跨国公司推动制造业全球价值链向海外展开，顺利嵌入制造业全球价值链生产网络中。

4.2.1 中国制造业全球价值链嵌入过程

嵌入制造业全球价值链的过程也是全球价值链环节跨国转移的过程，

在这个过程中全球价值链主导企业起主要推动作用，在其主导作用下，将中国纳入制造业全球价值链相应环节中，同时在其带动下，将处于制造业全球价值链之外的中国企业也逐步嵌入制造业全球价值链分工体系内。就中国而言，新进入全球价值链的生产环节对于增加值的贡献率与现存的增加值贡献率相比更占优势，这也是制造业全球价值链主导企业推动跨国转移的动力因素。现行制造业全球价值链跨国转移方式分为两种，一种是从发达国家转向发展中国家，主要是发达国家创新水平较低的人工装配环节转向具有低成本劳动力资源的发展中国家，这部分发展中国家主要以低增加值贡献率的农业、林业、畜牧业、渔业等生产为主，单纯制造业全球价值链的转移就能提高其增加值贡献率。例如"耐克"等人力密集型制造业企业就着力向劳动力成本低廉的发展中国家转移。另一种是发达国家自身的制造环节的相互转移，包括发达国家间创新水平较高层级的研发与高科技智能制造环节之间的相互转移，发达国家人才资源具有自身劳动力成本高、综合素质强、创新力较高等特点，同时发达国家的产品研发阶段对人才要求较高，需要具备高创新性、综合素质强的高端人才，高端设备生产环节也主要采取高精简尖技术、低人员密度的机器人生产线形式，如果一个新制造业想脱颖而出，在市场占据一席之地，必定在高端产品的创新或者生产环节的优化比原有产品更具优势及竞争力，因此，这部分应确保更高的增加值贡献率才有实力进行跨国转移，否则难以参与国际竞争，例如"丰田"等高技术研发企业就在美国等设立研发中心。

在经济全球化的大背景下，在制造业全球价值链的发展下，中国制造业也在嵌入全球价值链的部分生产网络中，主要表现为以低增加值贡献率为主的各个阶段，但中国的参与也会对制造业全球价值链产生推动作用和层级影响。对于经济欠发达的一些国家，由于其本身的教育水平和技术手段的限制，在参与时也只能以低增加值贡献率为主。一些发达国家作为全球价值链的主体，在整个参与过程中起主导作用，而欠发达国家因生产力水平的落后，在资金、技术、人才缺乏的背景下，只能贡献廉价的劳动力、资源及本身已经形成的国内市场。为了自身的发展，发展中国家通过发达国家价值链的转移，从而获取一定的外资技术，以低增加值贡献率参与整个全球价值链，多数以加工贸易和合资的方式来嵌入。从全方位角度看，在参与低增加值贡献率的层级后，虽然表现力不高、地位低，但其国家劳动力得到了更有效的利用，许多人也会由农畜牧业转向制造行业领域，这也是中国早期加入时的现实写照。

中国作为世界第二大经济体，在改革开放的大背景下，市场经济快速发展，制造业基础并不薄弱，因此在参与制造业全球价值链的分工过程中，将实现由低增加值向中高等增加值转变。中高等增加值主要表现为资本密集、技术含量高，参与全球价值链需要承接具有一定技术性的国际产业，逐步实现资本、技术向国内转移，以达到中高等增加值贡献率。一方面可以积极引进外资、技术设备；另一方面也可以直接投资、收购国际业务和技术，提高自己的产品竞争力、品牌效应，以及扩大销售市场，以较高的增加值贡献率来参与整个全球价值链。

王玉燕等（2014）在研究全球价值链内在机理与中国嵌入的过程中，通过建立技术效应的框架与假说，得出在整个嵌入过程，全球价值链既会推动中国的产业升级转型，同时也可能有一定的阻碍作用，并且有着明显的差异性。吕越和吕云龙（2016）通过对双重稳健倾向得分加权估计，认为企业在嵌入全球价值链早期可能会造成一定的滞后性，但整个过程将提高企业的生产效率，并有可能带动产业的升级转型，从而推动整个产业链的发展。发展中国家在嵌入后，既可以引进先进的技术设备和管理手段，从而提高生产效率，又可以接轨国际上一些水平较高的生产要素，从而提高本国的制造业水平和生产效率。

从第 3 章制造业参与 GVC 分工的地位指数相关分析可以看出，从 2004 年开始制造业 GVC 地位一直处于攀升态势、加速增长，说明中国加入 WTO 后制造业正处于全球价值链嵌入阶段。

4.2.2 中国制造业全球价值链内升级过程

中国制造业在参与全球价值链分工过程中，不断探索通过增加要素投入、加大创新力度向更高增加值贡献率层级的价值链环节升级。许多学者专家对此展开了研究，具有参考借鉴作用。

在对全球价值链内升级过程的研究中，以加里·杰罗菲（Gary Gereffi）为代表的部分学者根据难易程度对升级过程进行了路径区分，升级路径由易到难也逐步对参与升级的制造业企业的管理和创新能力以及价值链领导力的要求逐步提升，杰罗菲同时也对升级路径的实现过程进行了案例分析。根据资源配置范畴分为企业内部、企业之间、国家或地区内部、国际性区域升级（毛蕴等，2009）。杰罗菲认为发展中国家在全球价值链分工体系中具备能动性及较强的自主学习意识，他以东南亚服装产业发展举例说明，东南亚发展中国家在加入全球价值链分工体系时，价值链体系主要以西方发达国家为主导，而发展中国家加入后能够发挥主观能动性，自主通过多方面进行学习，从一开始单纯组装到贴牌再到逐步自主生产而后设计研发自主品牌进而在本国乃至全球进行销售，通过这种主动性快速升级进而实现本国企业的价值链攀升。对于产业升级，也有学者提出另外划分类型，比如，汉弗莱和施密茨（Humphrey & Schmitz，1999）认为产业升级可以分为流程升级、产品升级、功能升级、跨行业升级四个类型。流程升级（process upgrading）指的是提高产品生产线上的生产效率。产品升级（product upgrading）指的是企业产品技术复杂化，单位价值得到增加。功能升级（function upgrading）指的是产品功能升级换代从而使产品更具附加值。跨行业升级（intersectoral upgrading）指的是充分发挥原行业的优势技能助于进入新行业。对此，杰罗菲看法则有所不同，他认为如果某个国家处于制造业全球价值链的低附加值环节，其向高度价值环节攀升的可能性几乎为零，更不存在低附加值环节的自动快速升级为高附加值的可能性。对于杰罗菲的观点，其他学者的研究结果也有相似观点，他们通过对一些发展中国家参与全球价值链生产中的过程进行研究，发现这些发展中国家并没有在此过程中实现功能升级（John et al.，2002）。胡昱（2011）将产业升级路径概括为两种类型，即循序演进和跳跃发展两种。通过对发达国家工业发展过程的研究，发达国家产业结构升级包括产业链内和产业链间升级两个阶段。产业链内升级主要包括工艺流程升级、产品升级和功能升级。

国内学者对产业升级的研究一方面受施正荣的"微笑曲线"的影响，研究基础主要基于对后发国家发展落后这一通识上，并且大部分学者认为，产业升级只能通过对制造业全球价值链的嵌入而后向上升级。赵丽娟和王核成（2012）也对"微笑曲线"进行了研究，并且对制造企业转型升级战略风险形成机理、形成过程进行了细致研究，通过上述研究总结出两种企业转型升级战略模式，一种是基于微笑曲线向两段跃升从而提高价值链上产品附加值，另一种是向更高端产业、新兴产业价值链体系升级从而提高产品附加值。陈明森等（2012）主要针对国内上市公司进行研究分析得出，企业升级不可"一把尺子量到底"，应根据企业自身特色进行选择策略，企业既有生产者驱动型，也有购买者驱动型和混合型，不同驱动型针对的客户也不一样，企业策略选择需谨慎，生产者驱动型行业应选择技术路线提档升级，购买者驱动型行业应主要着力于营销路线进行升级，混合驱动型行业可根据行业发展结合自身情况进行选择二者其一或者两者兼有路线进行升级。

制造业全球价值链升级大多是以低增加值贡献率层级环节为基础进而攀升至高附加值贡献率层级的过程，升级方式不固定。无论如何，企业只有通过自身发展吸引高级人才资源、资本要素、技术要素等并将集聚的要素融合起来，才有可能升级进入引领型供应链创新层级。例如，苹果手机便是通过上述途径升级到更高层级，当时，苹果手机创新地将多点触摸电容屏技术和手机应用结合起来，通过自身人才技术资本开发出第一个多点触摸电容屏的手机，实现了价值链的升级。与此同时，其他中高级创新层除了采取自主创新，也可以通过模仿或者趁机介入更高层级企业转型升级后释放出来的制造业全球价值链环节进行升级。

价值链产业升级的过程伴随着受影响的其他要素连锁反应，比如，中国制造业进入高增加值贡献率层级后，行业从业人员的收入随之增加，在巴拉萨－萨缪尔森等传导效应下，其他行业逐渐受到影响，从而带动相应社会消费水平和物价水平的提升，最终越来越挤压低增加值贡献率层级的生存空间，低增加值贡献率的生产收益难以负担相应成本，逐步被淘汰至发展程度更低的国家。通过对区域制造业的分析，制造业全球价值链内升级过程是企业根据自身发展状况、企业成本、资源要素等情况不断退出低增加值贡献率层级进入更高增加值贡献率层级的动态升级过程。以新加坡为模型，上述规律表现更为明显，而对于中国幅员辽阔的国情则是另外一种表现，呈现为由东向西区域阶梯升级，先是东部沿海地区嵌入制造业全球价值链，然后企业根据自身情况转型升级，沿着全球价值链从低层级向高层级进行攀升。随着价值链层级的提升东部沿海地区人力资源成本、土地等要素成本提高，迫使低层级制造业全球价值链环节向中西部转移。中国东部沿海和中部地区阶梯升级的同时也伴随着中西部地区全球价值链的嵌入过程，中西部地区只要存有未嵌入制造业全球价值链的区域，那就会存在两种升级过程，即制造业全球价值链嵌入和价值链内层级攀升的升级相叠加情况。

4.3

参与全球价值链分工的影响因素

基于前文的分析，为了充分考虑中国制造业参与全球价值链分工的影响因素，本节将采用理论模型的方式进行分析和验证。从前人的研究来看，国家的基础和根本主要表现为投资能力、配套建设、劳动资本和科学技术，如果没有这些作为后盾，单纯依赖外资引进和加工在制造业全球价值链的大背景下，只能陷入被动，而发达国家并不只是单纯向发展中国家投资，其目的也不是帮助发展中国家产业升级转型，而是发展本国的经济水平。所以，发展中国家在嵌入全球价值链过程中，必须不断加强本国的各方面建设，提高生产力水平，打破国际上的垄断贸易，摆脱被发达国家单方控制的面貌，逐步实现由低增加值贡献率向中高增加值贡献率的转型。本节在研究此问题时，主要采用非竞争型投入产出测度法的理论模型，综合考虑国内增加值及劳动生产率两方面情况，基于发达国家和发展中国家的产品内分工，建立以技术、资本等多种内部因素的机理模型，以探索通过自身的努力实现国际分工地位提升的可行途径。

4.3.1 假设

在借鉴洛斯等（Los et al., 2015）对产品内分工的研究基础上，综合考虑蒂默等（Timmer et al., 2014）和唐海燕等（2009）的相关研究内容，进行如下假设：因技术水平和生产要素的差异性，以中国（G1，代表发展中国家）和发达国家（G2）作为两类国家代表；劳动力表示为 L（技术类 L_{Hi}，非技术类 L_{Si}）；资本 K_i，其中 $i=1$，2，代表 G1、G2 两个国家。G1 和 G2 所生产的产品用于国内市场和出口，将生产过程分为 $[0，1]$ 阶段，在任意阶段（$j \in [0，1]$），需要 1 单位的非技术劳动力 L_S，j 单位的技术劳动力 L_H 和资本 K，当生产阶段越高对应的生产要素级别也越高（对 L_{Hi} 和 K_i 的需求越大）。两国的现状，G1 拥有较为充足的非技术劳动力 L_S，G2 主要拥有技术劳动力和资本 K，G1、G2 三种生产要素价格为 W_i^S，W_i^H 和 r_i，技术水平为 A_i，产品价格为 P_i。企业为了更好地发展，需要合理地安排资源，根据两国的现状及成本作出决定安排，区分为两个生产阶段，$[0，h]$ 阶段位于 G1，$[h，1]$ 阶段位于 G2。当出现临界情况时，对生产是否转移或外包作出决策，在临界生产阶段 h，G1、G2 两国的成本相同。

4.3.2 模型推导

临界情况下，在 G1 和 G2 两国生产成本相同，具体表示为：

$$w_1^S + hw_1^H + hr_1 = w_2^S + hw_2^H + hr_2 \tag{4.1}$$

第一阶段 $[0, h]$，企业为了降低生产成本，将 G2 转移到 G1，G1、G2 对 Ls 的需求为 hL_{S1} 和 $(1-h)L_{S2}$，对 L_H 的需求为 $\int_0^h jL_{H1}\mathrm{d}j = \frac{1}{2}h^2L_{H1}$ 和 $\int_h^1 jL_{H2}\mathrm{d}j = \frac{1}{2}(1-h^2)L_{H2}$，对 K 的需求为 $\int_0^h jK_1\mathrm{d}j = \frac{1}{2}h^2K_1$ 和 $\int_h^1 jK_2\mathrm{d}j = \frac{1}{2}(1-h^2)K_2$，G1、G2 的生产总成本分别为：

$$C_1 = w_1^S hL_{S1} + \frac{1}{2}w_1^H h^2 L_{H1} + \frac{1}{2}r_1 h^2 K_1$$

$$C_2 = w_2^S(1-h)L_{S2} + \frac{1}{2}(1-h^2)L_{H2} + \frac{1}{2}(1-h^2)K_2 \tag{4.2}$$

设企业的生产函数为 C–D 形式，则有：

$$Y_1 = A_1 (hL_{S1})^\lambda \left(\frac{1}{2}h^2 L_{H1}\right)^\mu \left(\frac{1}{2}h^2 K_1\right)^{1-\lambda-\mu}$$

$$Y_2 = A_2 (1-h)^\lambda L_{S2}^\lambda (1-h^2)^\mu \left(\frac{1}{2}L_{H2}\right)^\mu (1-h^2)^{1-\lambda-\mu} \left(\frac{1}{2}K_2\right)^{1-\lambda-\mu}$$

$$\tag{4.3}$$

以 Y 为企业总产出，以 P_i 为产品价格，得到 G1 企业最大化利润函数：

$$\pi_1 = Y_1 P_1 - C_1$$

$$= P_1 A_1 (hL_{S1})^\lambda \left(\frac{1}{2}h^2 L_{H1}\right)^\mu \left(\frac{1}{2}h^2 K_1\right)^{1-\lambda-\mu} - w_1^S hL_{S1}$$

$$- \frac{1}{2}w_1^H h^2 L_{H1} - \frac{1}{2}r_1 h^2 K_1 \tag{4.4}$$

为简化分析，令 $\lambda = \mu = 1/3$，并 $P_1 = 1$，$P_2 = 2$，由利润最大化的一阶条件：

$$\frac{2^{1/3} A_1 h^{5/3} L_{H1}^{1/3} K_1^{1/3}}{6 L_{S1}^{2/3}} - w_1^S h = 0$$

$$\frac{2^{1/3} A_1 h^{5/3} L_{S1}^{1/3} K_1^{1/3}}{6 L_{H1}^{2/3}} - \frac{1}{2} w_1^H h^2 = 0 \qquad (4.5)$$

$$\frac{2^{1/3} A_1 h^{5/3} L_{S1}^{1/3} L_{H1}^{1/3}}{6 K_1^{2/3}} - \frac{1}{2} r_1 h^2 = 0$$

则：

$$w_1^S = \frac{2^{1/3} A_1 h^{2/3} L_{H1}^{1/3} K_1^{1/3}}{6 L_{S1}^{2/3}}$$

$$w_1^H = \frac{2^{1/3} A_1 L_{S1}^{1/3} K_1^{1/3}}{3 h^{1/3} L_{H1}^{2/3}} \qquad (4.6)$$

$$r_1 = \frac{2^{1/3} A_1 L_{S1}^{1/3} L_{H1}}{3 h^{1/3} K_1^{2/3}}$$

同理，G2：

$$w_2^S = \frac{2^{1/3} A_2 (1-h) L_{H2}^{1/3} K_2^{1/3}}{3 h (1+h)^{-2/3} L_{S2}^{2/3}}$$

$$w_2^H = \frac{2^{4/3} A_2 L_{S2}^{1/3} K_2^{1/3}}{3 L_{h2}^{2/3} (1+h)^{1/3}} \qquad (4.7)$$

$$r_2 = \frac{2^{4/3} A_2 L_{S2}^{1/3} L_{H2}}{3 K_2^{2/3} (1+h)^{1/3}}$$

因此，可以得出：

$$h = (w_2^S - w_1^S) / \left[(w_1^H - w_2^H) + (r_1 - r_2) \right] \qquad (4.8)$$

令

$$h = \frac{\dfrac{A_2(1-h)}{3h(1+h)^{-2/3}} \left[\dfrac{L_{H2}}{L_{S2}} \cdot \dfrac{K_2}{L_{S2}} \right]^{1/3} - \dfrac{A_1 h^{2/3}}{6} \left[\dfrac{L_{H1}}{L_{S1}} \cdot \dfrac{K_1}{L_{S1}} \right]^{1/3}}{\dfrac{A_1}{3h^{1/3}} \left[\dfrac{L_{S1}}{L_{H1}} \cdot \dfrac{K_1}{L_{H1}} \right]^{1/3} - \dfrac{2A_2}{3(1+h)^{1/3}} \left[\dfrac{L_{S2}}{L_{H2}} \cdot \dfrac{K_2}{L_{H2}} \right]^{1/3} + \dfrac{A_1}{3h^{1/3}} \left[\dfrac{L_{S1}}{K_1} \cdot \dfrac{L_{H1}}{K_1} \right]^{1/3} - \dfrac{2A_2}{3(1+h)^{1/3}} \left[\dfrac{L_{S2}}{K_2} \cdot \dfrac{L_{H2}}{K_2} \right]^{1/3}}$$

$$(4.9)$$

则 γ_1 和 γ_2 代表 G1 和 G2 每单位 L_S 拥有的 K，即劳均资本，而 η_1 和 η_2 则代表 L_H 的劳均资本，因此：

$$h = \dfrac{\dfrac{A_2(1-h)}{h(1+h)^{-2/3}}\gamma_2(\eta_1\gamma_1)^{1/3} - \dfrac{A_1 h^{2/3}}{2}\gamma_1(\eta_2\gamma_2)^{1/3}}{\dfrac{A_1}{h^{1/3}}(\eta_1+1)(\gamma_2\eta_2)^{1/3} - \dfrac{2A_2}{(1+h)^{1/3}}(\eta_2+1)(\gamma_1\eta_1)^{1/3}} \qquad (4.10)$$

其中，h 为临界阶段与两国技术水平、两种劳均资本的隐函数，在确定上述因素与临界阶段的关系时，可求 h 的一阶偏导数来确定，同时可讨论 G1 的要素投入对承接的 G2 产业转移带来的影响，以及可能造成的技术外流和产业升级的不利影响。但是该问题隐含了限定条件，G1 要想升级就需要承接 G2 产业转移，但不得不注意的是 G1 也有可能通过自我的发展实现了产业的升级转型。客观条件下，G1 承接较高的产业转移时，对于本国的产业升级也有所帮助。比如，在承接的情况下，原始设备的制造 OEM 到原始设计制造 ODM 再到原始品牌制造 OBM，整个过程是不断升级提高的，但 G2 并不会轻易转让本身的产业技术，为了确保 G2 的行业垄断，即便在产业转移的情况下 G2 也依然有所保留，核心技术和中高附加值生产环节也并不会转移到 G1，如此导致 G1 长久地处于价值链底部，并难以实现本国的产业升级转型。因此，G1 要想实现产业升级转型，离不开其自身的努力，为此考虑 G1 企业的升级转型由其努力程度和产业转移带来的两个方面所决定，在生产阶段 $j(j\in[0,1])$ 需要转让 j_β 的技术，则 $[0,h]$ 的产业转移共有 $\int_0^h j_\beta dj = \dfrac{\beta}{2}h^2$ 的技术从 G2 转向 G1，即有：

$$A_1 = R + \frac{\beta}{2}h^2 \qquad (4.11)$$

其中 R 则代表 G1 企业的自我努力程度带来的科技进步，当然均衡条件下，G1 的自我革新与承接带来的技术效应相等。在 G1 的自我努力下，技术取得的进步所带来的产业转移阶段大小和前面的就有所区别，以 h

表示代入最大化函数：

$$h = \frac{\dfrac{A_2(1-h)}{h(1+h)^{-2/3}}\,\gamma_2\,(\eta_1\gamma_1)^{1/3} - \dfrac{(R+\beta h^2/2)\,h^{2/3}}{2}\,\gamma_1\,(\eta_2\gamma_2)^{1/3}}{\dfrac{R+\beta h^2/2}{h^{1/3}}(\eta_1+1)(\gamma_2\eta_2)^{1/3} - \dfrac{2A_2}{(1+h)^{1/3}}(\eta_2+1)(\gamma_1\eta_1)^{1/3}}$$

$$(4.12)$$

因此，可以解得：

$$R = -\frac{\beta\eta_2^{1/3}\gamma_2^{1/3}h^3(1+h)^{1/3}(\gamma_1+2\eta_1+2)+2A_2\eta_1^{1/3}\gamma_1^{1/3}\big[(\gamma_2+2\eta_2+2)h^{7/3}-\gamma_2 h^{1/3}\big]}{\eta_2^{1/3}\gamma_2^{1/3}(1+h)^{1/3}h^2(\gamma_1+2\eta_1+2)}$$

$$(4.13)$$

进而有

$$\partial R/\partial\beta = -h < 0 \qquad\qquad (4.14)$$

式（4.14）说明一定情况下，G1 企业通过努力所带来的产业技术进步与通过承接转移带来的产业技术进步是一种相互替代关系，可以理解为单纯依靠技术引进并不利于本国的自主创新和技术的提高，或者说引进技术对本国技术具有挤兑影响。该分析体现了两个方面，即产业转移与分工，但缺乏衔接价值链的分布情况，也就是贸易利得在多国的分配。与此同时，每个国家在参与 GVC 分工体系中，其生产的产品所处的阶段代表了该国家在整个分工中所处的层次地位，但是却不能忽视产业转移问题，这在具体度量上还比较困难，唐海燕和张会清（2009）在研究过程中，曾经以出口商品结构的相似度（export similarity index，ESI）指数作为解决这一问题的突破口，在度量时可以更好地解决"统计假象"问题。所以说，通过对产业转移框架的研究，对于 G1 企业在国际分工中扮演更加重要的角色有着借鉴意义，而针对前面的局限问题则需要拓展新思路、采用新方法来加以解决。无论分工贸易再怎么变化，最终还是要看贸易利得的具体分配情况，以及在创造产出时所花费的成本，而这两个方面也是衡量地位的重要指标。为了解决"统计假象"问题，并且考虑到多层级的复杂分工，也方便进行各发展国家的层次比较，前文所采用的非竞争型投入产出表计算法，正能准确度量国内完全增加值率和劳动生产率的国际比较。参照以上分析，本书在建立产业转移模型时，分别计算单位出口品的国内增加值率、劳动生产率，在此基础上来判断该国的国际分工地位。由于 G1 为发展中国家，在整个价值链中归属于下游，但在生产过程中却依赖于发达国家的高度集成的中间品，由此设生产阶段 $j(j \in [0,1])$ 需要从 G1 进口的中间投入品价值为 j_χ，则 G1 承接 $[0,h]$ 的产业转移总共需要从 G2 进口 $\int_0^h j_\beta dj = \dfrac{\beta}{2}$ 的中间投入 IM_1，G1 单位产品的国内增加值率为：

$$DVA_1 = \frac{Y_1}{Y_1 + IM_1} = \frac{(R + \beta h^2/2) L_{S1}^{1/3} L_{H1}^{1/3} K_1^{1/3}}{(R + \beta h^2/2) L_{S1}^{1/3} L_{H1}^{1/3} K_1^{1/3} + 2^{-1/3} \chi h^{1/3}} \tag{4.15}$$

因此：

$$\frac{\partial DVA_1}{\partial h} = \frac{2^{2/3} \chi (5\beta h^2 - 2R) L_{S1}^{1/3} L_{H1}^{1/3} K_1^{1/3}}{3h^{2/3} \left[(2R + \beta h^2) L_{S1}^{1/3} L_{H1}^{1/3} K_1^{1/3} + 2^{2/3} \chi h^{1/3} \right]^2}$$

$$\frac{\partial DVA_1}{\partial R} = \frac{2^{5/3} \chi h^{1/3} L_{S1}^{1/3} L_{H1}^{1/3} K_1^{1/3}}{\left[(2R + \beta h^2) L_{S1}^{1/3} L_{H1}^{1/3} K_1^{1/3} + 2^{2/3} \chi h^{1/3} \right]^2} > 0$$

$$\frac{\partial DVA_1}{\partial L_{S1}} = \frac{2^{2/3} \chi h^{1/3} (2R + \beta h^2) L_{H1}^{1/3} K_1^{1/3}}{3L_{S1}^{2/3} \left[(2R + \beta h^2) L_{S1}^{1/3} L_{H1}^{1/3} K_1^{1/3} + 2^{2/3} \chi h^{1/3} \right]^2} > 0 \tag{4.16}$$

$$\frac{\partial DVA_1}{\partial L_{H1}} = \frac{2^{2/3} \chi h^{1/3} (2R + \beta h^2) L_{H1}^{1/3} K_1^{1/3}}{3L_{H1}^{2/3} \left[(2R + \beta h^2) L_{S1}^{1/3} L_{H1}^{1/3} K_1^{1/3} + 2^{2/3} \chi h^{1/3} \right]^2} > 0$$

$$\frac{\partial DVA_1}{\partial K_1} = \frac{2^{2/3} \chi h^{1/3} (2R + \beta h^2) L_{S1}^{1/3} L_{H1}^{1/3}}{3K_1^{2/3} \left[(2R + \beta h^2) L_{S1}^{1/3} L_{H1}^{1/3} K_1^{1/3} + 2^{2/3} \chi h^{1/3} \right]^2} > 0$$

当 $h > \left(\dfrac{2R}{5\beta}\right)^{1/2}$ 和 $\dfrac{\partial DVA_1}{\partial h} > 0$，表明在突破门槛值后，产业转移的再度提高对于 G1 的增加值率有着积极正向的推动作用，也就是国内增加值率受产业转移临界门槛作用影响。资本、技术、劳动力等因素也可能提高 G1 的国内增加值率。生产要素的投入对比产业转移的区别主要在于二者的作用条件机理，这是因为产业转移阶段的发展，虽说会促进生产力的提高带动增加值率，但也有可能会导致中间品投入的增多降低国内增加值率，二者形成正反两种作用，两种作用的综合作用由负向正变化时，国内生产要素的投入以及科学技术革新进步将会带来增加值率的提高，反之则不利于提高增加值率。由此可得：

$$\frac{\partial^2 DVA_1}{\partial h \partial R} = \frac{2^{5/3}\chi\left[(2R-11\beta h^2)-2^{2/3}\chi h^{1/3}\right]L_{S1}^{1/3}L_{H1}^{1/3}K_1^{1/3}}{3h^{2/3}\left[(2R+\beta h^2)L_{S1}^{1/3}L_{H1}^{1/3}K_1^{1/3}+2^{2/3}\chi h^{1/3}\right]^3}$$

$$\frac{\partial^2 DVA_1}{\partial L_{S1}\partial R} = \frac{2^{7/3}\chi h^{2/3}L_{H1}^{1/3}K_1^{1/3}-2^{5/3}\chi^2 h^{1/3}(2Rh^{1/3}+\beta h^{7/3})L_{S1}^{1/3}L_{H1}^{2/3}K_1^{2/3}}{3L_{S1}^{2/3}\left[(2R+\beta h^2)L_{S1}^{1/3}L_{H1}^{1/3}K_1^{1/3}+2^{2/3}\chi h^{1/3}\right]^3}$$

$$\frac{\partial^2 DVA_1}{\partial L_{H1}\partial R} = \frac{2^{7/3}\chi h^{2/3}L_{S1}^{1/3}K_1^{1/3}-2^{5/3}\chi^2 h^{1/3}(2Rh^{1/3}+\beta h^{7/3})L_{S1}^{2/3}L_{H1}^{1/3}K_1^{2/3}}{3L_{S1}^{2/3}\left[(2R+\beta h^2)L_{S1}^{1/3}L_{H1}^{1/3}K_1^{1/3}+2^{2/3}\chi h^{1/3}\right]^3}$$

$$\frac{\partial^2 DVA_1}{\partial K_1\partial R} = \frac{2^{7/3}\chi h^{2/3}L_{S1}^{1/3}L_{H1}^{1/3}-2^{5/3}\chi^2 h^{1/3}(2Rh^{1/3}+\beta h^{7/3})L_{S1}^{2/3}L_{H1}^{2/3}K_1^{1/3}}{3K_1^{2/3}\left[(2R+\beta h^2)L_{S1}^{1/3}L_{H1}^{1/3}K_1^{1/3}+2^{2/3}\chi h^{1/3}\right]^3}$$

$$(4.17)$$

当 $2R-11\beta h^2>2^{2/3}\chi h^{1/3}$ 且 $\chi(2R+\beta h^2)>2^{5/3}/L_{S1}^{1/3}L_{H1}^{1/3}K_1^{1/3}$，有 $\frac{\partial^2 DVA_1}{\partial h\partial R}>0$，$\frac{\partial^2 DVA_1}{\partial L_{S1}\partial R}>0$ 等，该式说明了一定情况下，G1 的自我努力革新带来的技术跃升对于国内增加值有积极影响，也就是说产业转移、要素投入的提高可以促进国内增加值率的增长。G1 的劳动生产率为

$$prod_1 = \frac{Y_1}{hL_{S1}+h^2L_{H1}/2} = \frac{2^{1/3}(R+\beta h^2/2)h^{2/3}L_{S1}^{1/3}L_{H1}^{1/3}K_1^{1/3}}{2L_{S1}+hL_{H1}} \qquad (4.18)$$

从而有

$$\frac{\partial prod_1}{\partial h} = \frac{2^{1/3}(8\beta h^2 L_{S1}+5h^3\beta L_{H1}/2+4RL_{S1}-RhL_{H1})}{3(2L_{S1}+hL_{H1})^2 h^{1/3}(L_{S1}L_{H1}K_1)^{-1/3}}$$

$$\frac{\partial prod_1}{\partial R} = \frac{2^{1/3}h^{2/3}L_{S1}^{1/3}L_{H1}^{1/3}K_1^{1/3}}{2L_{S1}+hL_{H1}}>0$$

$$\frac{\partial prod_1}{\partial L_{S1}} = \frac{(2R+\beta h^2)(hL_{H1}-4L_{S1})h^{2/3}L_{H1}^{1/3}K_1^{1/3}}{2^{2/3}3L_{S1}^{2/3}(2L_{S1}+hL_{H1})^2}$$

$$\frac{\partial prod_1}{\partial L_{H1}} = \frac{2^{1/3}\left(2R+\beta h^2\right)\left(L_{S1}-hL_{H1}\right)h^{2/3}L_{S1}^{1/3}K_1^{1/3}}{3L_{H1}^{2/3}\left(2L_{S1}+hL_{H1}\right)^2}$$

$$\frac{\partial prod_1}{\partial K_1} = \frac{\left(2R+\beta h\right)h^{2/3}L_{S1}^{1/3}L_{H1}^{1/3}}{2^{2/3}3K_1^{2/3}\left(2L_{S1}+hL_{H1}\right)} > 0 \tag{4.19}$$

对比 G2，通常 G1 有着相对廉价的非技术劳动资源，但技术劳动资源又有所缺乏，即满足了条件 $L_{HS} < L_{S1}$，且 $h \in [0,1]$。这体现了承接 G2 的产业转移、提高技术或者资本积累，均可以有效提高 G1 劳动生产率，相反增加 L_S 却不能有效提高生产率。进一步可得：

$$\frac{\partial^2 prod_1}{\partial h \partial R} = \frac{2^{1/3}\left(4L_{S1}-hL_{H1}\right)L_{S1}^{1/3}L_{H1}^{1/3}K_1^{1/3}}{3h^{1/3}\left(2L_{S1}+hL_{H1}\right)^2}$$

$$\frac{\partial^2 prod_1}{\partial L_{S1} \partial R} = \frac{2^{1/3}\left(hL_{H1}-4L_{S1}\right)h^{2/3}L_{H1}^{1/3}K_1^{1/3}}{3L_{S_1}^{2/3}\left(2L_{S1}+hL_{H1}\right)^2}$$

$$\frac{\partial^2 prod_1}{\partial L_{H1} \partial R} = \frac{2^{4/3}\left(L_{S1}-hL_{H1}\right)h^{2/3}L_{S1}^{1/3}K_1^{1/3}}{3L_{H1}^{2/3}\left(2L_{S1}+hL_{H1}\right)^2} \tag{4.20}$$

$$\frac{\partial^2 prod_1}{\partial K_1 \partial R} = \frac{h^{5/3}L_{S1}^{1/3}L_{H1}^{1/3}}{2^{2/3}3K_1^{2/3}\left(2L_{S1}+hL_{H1}\right)} > 0$$

同样在 $hL_{HS} < L_{S1}$ 时，G1 通过努力获得的产业技术水平提高，将可以间接促进本国的生产效率，也就是说产业转移、人力资本和物质资本投入的提高，可以进一步促进生产效率的作用提升。

综上所述，中国在早期参与全球价值链分工中，主要还是通过承接发达国家的产业转移，这也是发展中国家过渡的一个阶段，因为从无到有的实现，不可能毫无条件地获得，而发达国家的产业转移为发展中国家的技术进步、产业发展提供了良好的契机。所以说，发达国家对于中国嵌入全球价值链分工体系，也间接有着一定的帮助，对于提升中国参与国际分工地位有正向影响。由此可得到结论：发展中国家的技术进步、劳动资本和物质资本对提高国际分工地位有着积极的影响，同时承接生产转移也有促进作用，但非技术劳动力则有着不确定因素。

4.4

分工地位升级的动力分析

前面已经分析了各方面影响因素，接下来对中国制造业参与全球价值链分工地位升级中的动力因素进行分析。

4.4.1 全球价值链驱动力理论

根据驱动者的不同，杰罗菲等（Gereffi et al.，2003）将其划分为两种模式：一种是生产者驱动模式，生产者采取投资方式扩充市场，本国政府或跨国公司都可以充当投资者；另一种是购买者驱动模式，该经济体不但有一定的品牌优势，同时也要有销售渠道、销售体系，并且以全球采购和 EEM 形式建立完整的国际商品流通体系，从而促进出口导向地产业升级转型。

根据驱动要素不同，也分为两种模式，一种是生产者驱动型全球价值链，另一种是购买者驱动型全球价值链。两种模式涉及的产业有所区别，前一种涉及资本、技术密集型产业，后一种涉及劳动密集型产业，两种模式区别如表 4-1 所示。张辉（2004）认为存在两种混合型的价值链，将其定义为混合驱动型价值链。

表 4-1　　　　　生产者和购买者驱动的全球价值链比较

项目	生产者驱动的全球价值链	采购者驱动的全球价值链
动力根源	产业资本	商业资本
核心能力	研究与发展、生产能力	设计、市场营销
进入障碍	规模经济	范围经济
产业分类	耐用消费品、中间商品、资本商品等	非耐用消费品
典型产业部门	汽车、计算机、航空器等	服装、鞋、玩具等

续表

项目	生产者驱动的全球价值链	采购者驱动的全球价值链
制造企业业主	跨国企业，主要在发达国家	地方企业，主要在发展中国家
主要产业联系	以投资为主线	以贸易为主线
主导产业结构	垂直一体化	水平一体化
辅助支撑体系	重硬环境，轻软环境	重软环境，轻硬环境
典型案例	英特尔、丰田、海尔、格兰仕等	沃尔玛、国美、耐克等

　　分析生产者驱动型全球价值链，我们发现，发达国家作为"链主"在技术上占据优势，在某种程度上掌握着前端高技术含量的产品研发、设计等高附加值环节，逐渐转移一些低附加值的比如零部件生产、产品组装等环节至发展中国家，释放出低附加值环节后，发达国家利用通过整合资源，进一步扩大运营体系，使得自身的利润最大化。对生产者驱动型价值链价值增值过程进行分析发现，从生产环节向流通环节过渡时，价值增值率是边际递减的，也就是说主要价值份额处于生产环节端（见图4-1）。

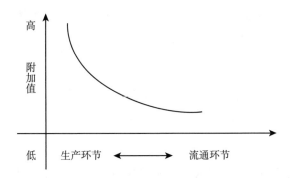

图4-1　生产者驱动型全球价值链价值

资料来源：张辉.全球价值链理论与中国产业发展研究［J］.中国工业经济，2004（5）：40.

　　对购买驱动型全球价值链进行分析可以发现，充当"链主"角色的发达国家跨国企业主要采取在全球建立自己的营销体系、销售网络和售后服务体系方式获取更高附加值。由图4-2可以看出，价值增值过程从生产环节向流通环节是边际递增的，也就是说，利润最高的价值增值环节在流通环节。

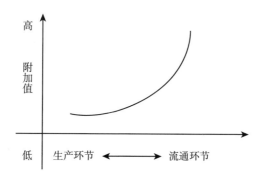

图 4 – 2　购买者驱动型全球价值链价值

资料来源：张辉. 全球价值链理论与中国产业发展研究［J］. 中国工业经济, 2004（5）: 40.

　　分析混合驱动型全球价值链，我们发现，发达国家作为"链主"其跨国企业具备两个特征，即兼具购买者驱动型和生产者驱动型两个特征。在生产、流通环节，既在一定程度掌握着前端产品研发、设计等高科技含量的高附加值环节，也在全球建立了自己的营销网络、销售体系和售后服务等环节。既重视提升技术水平、强化生产能力，也着力建立自己的营销渠道和服务体系。从图 4 – 3 可以看出，混合驱动型全球价值链不是单独偏重一侧，而是从生产环节到流通环节都有所偏重，具体为边际价值率从递减到增加，其中的最低价值率集中在劳动密集型环节。

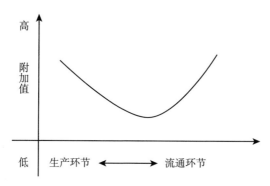

图 4 – 3　混合驱动型全球价值链价值

资料来源：张辉. 全球价值链理论与中国产业发展研究［J］. 中国工业经济, 2004（5）: 40.

生产者驱动型、购买者驱动型、混合驱动型这三种全球价值链的动力机制和治理模式是不断转换和演化的。从动力机制来看，生产者驱动逐步向购买者驱动演变；从治理模式来看，模块型、领导型、关系型三者之间的关系是变化的；从演化趋势来看，价值链治理的演化主要是模块型和领导型，关系型主要处于被治理中。另外，也发现动力机制和治理模式的选择受到地区资源及发展环境的影响，动力机制和治理模式多种形式共存于一种价值链的情况也有存在，生产者驱动型、购买者驱动型、混合驱动型这三种全球价值链都有可能作为其中一种。

三种全球价值链的驱动力各自代表了不同的核心能力，相应的价值链中产业分布也各自不同，一国在进行产业决策时，需要明确本国要发展的产业的全球价值链驱动类型，如本国是前端研发、设计为主的高附加值环节还是资本、技术密集型产业为主。例如，中国制造业多以资本和技术密集型产业为主，所以属于生产者驱动型价值链。

4.4.2　全球价值链动力分析

自中国改革开放以来，中国制造业发生了翻天覆地的变化，由早期的以进口为主逐步发展成为制造业出口大国。纵观中国制造业近三十年来的发展及升级路径，存在两种方式，一种是嵌入制造业全球价值链进行升级，一种是制造业在全球价值链内部的升级方式，主要为第一种方式。从时间阶段来看，因为历史原因中国的"人口红利"因素在生产者驱动型制造业全球价值链中起到重要作用，新中国成立以后，1978 年以前，计划经济发展的不均衡加上当时政策下的生育高峰为改革开放积聚了大量的青壮年劳动力成本。中华人民共和国成立后，国家多次组织文化普及教育之类的扫盲运动，对大量人口分批次进行扫盲，直到 1964 年第二次人口普查时，15 岁以上的文盲由解放初期的 80% 下降到 52%。此时，中国大量的廉价青壮年劳动力为生产者驱动型制造业全球价值链积蓄了大量廉价劳动力的要素；随着改革开放，中国计划经济逐步向市场经济过渡，在这个过程中，大量消费市场被需求激发，为购买者驱动型制造业全球价值链主导企业预备了大量的机会与空间。

1992 年，邓小平前往深圳、珠海等地，并发表了关于市场经济的重要讲话，中国加快改革开放步伐，投资环境宽松、投资政策进一步放开，对于外商直接投资限制逐步放宽，充分调动了低成本的劳动力资源，利用本国低成本人力资源参与发达国家转移出来的购买者驱动型制造业全球价值链环节。随着改革面的扩大，国内生产水平和能力逐渐提升，部分购买者驱动型制造业全球价值链主导企业可以将部分生产或采购类订单交给中国企业生产，国内制造业在承接国外企业生产订单的同时间接促进了国内生产能力及水平的提升。国内制造业在发展的同时不忘主动改变自身要素更加适应生产要求，注重培育高级要素，逐步从"生产者驱动"型制造业全球价值链的低增加值环节向研发、设计等高增加值贡献率层级攀升。

以汽车制造业全球价值链升级过程分析，主要路径是以自身廉价劳动力、土地要素等优势吸引外资企业在国内投资建立产品生产基地；外资企业在国内建立生产基地后，部分零部件的生产厂家也会逐渐聚集附近从事总装配套的零部件加工、维修等环节，进而逐渐累积形成一定规模效应，在此过程中，部分本土企业也渐渐参与零部件的生产、维修等过程；在激烈的国际市场竞争中，国内企业慢慢成长并步入成熟期，在成长中慢慢被迫提升自身科技创新力量，主要是企业自身开始注重打造高级研发团队、开发新技术、集聚服务要素等方式创造高级生产要素，实现转型升级。在这一过程中，国内也涌现了部分利用全球价值链提升打造的自主研发品牌汽车，如吉利、奇瑞等汽车整车厂商。

以服装制造业全球价值链为例，购买者驱动型全球价值链主导企业在整个服装业转型升级中起到重要作用。服装业国际市场需求不断变化，正是这种变化成为中国服装业转型升级的主要动力，升级路径主要为先从进口贸易再到代工厂然后集聚了相应技术要素后转向自主品牌，在国际市场的不断变化与激烈竞争中，企业要想生存下去不得不继续向高增加值贡献率层级的设计、研发等高端环节升级。例如，初期，中国服装成本较低，一些国际型连锁超市比如沃尔玛超市、大型渠道商陆续来中国订购服装；随着订单增多企业利润增多，中国服装不再只关注生产量和订单量了，而是慢慢将注意力放在服装质量的提升上，随着服装质量的不断提升，逐渐吸引到国外一些著名品牌的青睐，将生产环节中的贴牌、印花等业务放在中国，并慢慢将代工厂也放在中国。例如，大家熟悉的知名运动品牌耐克、时尚品牌 ZARA 就是如此；经过技术提升要素集聚，中国服装业设计水平也随之提高，也涌现了一批知名的中国设计师，比如王汁、陈翔等，知名品牌香港连卡佛就采购了他们设计的服装。

综上所述，中国制造业能够在全球价值链升级的动力源于三个方面，其中，国内企业适时对高级科研人才的团队打造及重视是主要方面；再者，企业的自主创新意识更加强烈；最后，国际市场的纷繁复杂和激烈的竞争环境也促进了制造业的全球价值链升级。中国比较重视高等教育，又是人口大国，多年教育的普及和推动培养了大批中高层技能人员，更加容易集聚人力资源，工资水平与发达国家相比较更为低廉，吸引发达国家制造业全球价值链中更高增加值生产环节转移到中国，加上人才集聚更容易打造研发中心、运营中心等人才集聚中心，这种分工转移带来的人才集聚及分工促使中国在制造业全球价值链从低增加值向高增加值被动升级。其次，中国在经济增长速度放缓时会调整政策从财政经费向科研创新方向倾斜，利用创新增强产品竞争力。扩大的科研经费用于购买、引进国外先进技术或用于鼓励科研院校的研发创新能力的提升。国内外实证派观点表明，研发投入的提高将导致一些不可控的因素上升，但是有一个观点是共同认可的，研发投入在企业产能技术创新过程中扮演了重要角色。程华等（2013）通过研究帕维特产业，并进行了分类计量，从而对中国制造业得出结论，认为提高研发投入将促使产业绩效的提升，并且技术能力对于提高产出绩效也有一定的间接影响。陈金勇等（2016）以 2003~2013 年的 A 股上市公司为研究主体，检验了多家公司的创新存量，认为企业创新投入对于产出有着正向推动作用，从而促进企业价值的提高。

4.5

参与分工地位升级的"喷泉机制"

将制造业全球价值链视作具有层级的"水池"，那么它拥有着全球最优的生产要素层级架构，其中每一层都各有要素结构，但当相关层达到了均聚合于某一国，才能迸发"喷泉"效应，在 GVC 中具有较强的竞争性。

将 GVC 升级过程归为内在的升级和嵌入后升级两种类别。第一类嵌入升级过程，发达国家占据制造业 GVC 的主体地位，发展中国家想要实现嵌入升级，自身就必须具有一定的竞争优势，以此来吸引发达国家进行投资贸易输送，从而实现发展中国家的目标层级，构建整个生产环节，使得发展中国家进入 GVC 分工体系中，实现发展中国家的从无到有，从弱小到强大。在整个"水池"的大结构中，其本质上还是由发达国家所主导，但跨国公司为了企业的整体发展，而将生产要素向东道国积聚，形成了层级分工模块（见图 4-4）。

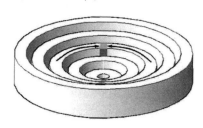

图 4-4　"水池"要素积聚示意

资料来源：李奕. 全球价值链的喷泉机制［J］. 湖南社会科学，2016（5）：156-160.

受到外部环境的影响及内在动力的变化，一旦发展中国家嵌入制造业全球价值链后，将会产生新的生产要素，如技术的突破、高素质人才的培养、经营模式的创新等，而这一系列要素形成后，需要在"水池"层级中迈向更高级别的价值链层级，才能在全球竞争的大环境下具有一定的优势地位，如此将会吸引发达国家的跨国公司按照层级效应实现生产要素向该国的聚集和转移，从而形成一个新的制造业全球价值链环节（刘爱萍，2013）。20世纪八九十年代，中国半导体行业利用改革开放的有利因素，借助自身的发展累积了一定的资本，陆续引进了先进的生产线，但由于缺乏专业的科技人才，对于技术问题吃不懂、摸不透，导致国家战略性政策规划没有如期实现目标。半导体专业技术性强，研究消化的周期长，中国当时在这方面尚不具备研发和创新能力，一些投入的生产线通常在使用不久就落后于世界标准级技术生产线，从而面临淘汰的风险。在2000年左右中国留学生回国后，国家拥有了一批半导体尖端技术人才，至此出现了中国自有的芯片品牌企业，如华为海思、中芯国际、兆易创新等，并在国际市场有了一定的竞争力，中国进入了半导体模仿型技术创新层级。

当嵌入国发展到一定程度时，其劳务、厂房等成本要素也会跟着提高，跨国企业主导的制造业全球价值链会把一些生产环节进行转移，以追求更低的成本。在整个嵌入过程，东道国的制造业也会向其他制造业行业领域拓展延伸，促进生产要素的升级进入更高层级，进而带动了制造业的升级转型。全球价值链的层级"水池"结构中，在外部压力和内部驱动的影响下，生产要素的不断创新和层级的提高，将给东道国带来世界各地更多的生产要素积聚。

图4-5为"喷泉"效应示意图，全球价值链升级的源动力如同图中喷泉喷水的过程。在底层的水池聚水成压，当压力足够大时，水便向上喷出，但前提条件是必须到达上一层的高度，如此形成喷泉。同样，在制造业的升级转型中，也需要积聚一定的压力，方能形成新的生产要素，

实现制造业的第一轮升级转型。在水喷至上一层后，倘若没有控制因素的影响，水便会回到原始的喷水层中，制造业全球价值链也如此，每一层都要形成稳定的结构匹配，从而成为稳定的环节并具有一定的竞争优势。在东道国的生产要素成本提高时，又会导致层级要素外流，如同喷泉中的水向外流动。所以说，这就是产业升级中的"喷泉"机制。

图 4 – 5 生产要素升级与积聚示意

资料来源：李奕. 全球价值链的喷泉机制 [J]. 湖南社会科学，2016（5）：156 – 160.

4.6

本章小结

本章主要探讨了中国参与制造业全球价值链的分工地位。首先，对制造业 GVC 升级进行了分析研究，将其升级过程区分为两类：GVC 内在的升级和通过嵌入 GVC 而带来的产生升级转型。其次，采用静态指标分析法和综合指标分析法对中国参与 GVC 整个过程进行了探讨，总结出2009 年之前中国制造业主要处于参与嵌入制造业 GVC 的过程中。再次，对现有的影响 GVC 升级要素进行了分析，并从全球要素流动的角度进行了全面分析。最后，以现有的研究基础为铺垫，对类似于中国的发展中国家嵌入 GVC 的动力机制进行刻画，以中国制造业部分细化领域进行案例分析，从而得出本章结论，并创造性地提出了"喷泉"机制。

第 **5** 章

中国制造业参与全球价值链
分工地位的影响因素
——基于行业层面分析

根据上面章节的分析，中国制造业是在逐步融入全球价值链分工的基础上发展起来的，尤其是近年来中国制造业参与全球价值链分工过程中呈现了显著的上升趋势。并且根据一国制造业参与 GVC 分工影响因素的模型推导，可以看出影响一国制造业全球价值链分工的三个主要因素是技术进步、资本积累和人力资本。那么，只有这三个因素对制造业全球价值链分工地位产生影响吗？还有哪些因素会影响制造业全球价值链分工地位的提升呢？这些问题是本书重点关注的问题，问题的答案同样可以为中国制造业更好地参与国际分工、提升全球价值链分工地位提供针对性的政策建议。结合前人的研究及中国制造业发展情况来看，制造业在全球价值链中地位提升受多重因素影响，如国内技术进步、人力资本和物质资本积累，以及承接生产转移等，还要考虑中国特有的制度因素。因此，本章进一步就影响中国制造业参与 GVC 分工地位的相关因素进行提炼，并进一步开展论证分析。

影响因素和实证模型构建

5.1.1 影响因素

在第 4 章选取的技术进步、资本积累、人力资本三个影响因素的基础上，本章进一步对相关文献进行分析。可以看出，对全球价值链分工地位影响因素的探究是价值研究的重要方面，中国及国外学者对此均进行了大量研究，既包括理论激励方面的机制研究，也包括实证研究，并对提出的影响因素进行正确性检验。格鲁斯曼（Grossman）和埃尔普曼（Helpman）设计了一个均衡模型用以比较外包公司与专业公司之间的差异和各自的优势、劣势，这个模型以不同产业模式为基础，采用静态分析的方法探索以下三种因素对均衡状态的影响作用：（1）产业技术水平；（2）中间商及终端厂商的定价水平；（3）制造成本。研究发现，出于节约运输成本的考虑，企业在选择合作方的时候会充分考虑交通便利性，因而得出结论，基础设施建设的加强有利于促进国际分工地位的提升。胡梅尔等（Hummels et al.，1999）从垂直专业化的角度对国际分工进行研究，指出贸易壁垒的建立容易导致垂直专业化程度的减弱；反之，通过降低关税、压缩交通成本等手段可以有效提升垂直专业化水平，从而推动贸易增长，获取更多贸易利润，产业在全球价值链中的地位也相应得到提升。汤碧等（2012）分析了高技术含量企业在全球价值链中地位的影响因素，认为这些因素主要包括技术转移情况、技术外溢程度、劳动力配置效率、国家或地区整体经济水平。韩明华等（2014）围绕中小企业进行了研究，并提出促进企业价值链地位提升的四大要素：企业家卓越的领导和经营能力、高素质的人力资源队伍、较高的技术创新水平、较强的知识向资本转化能力。容金霞和顾浩（2016）采用实证分析法对发达国家、发展中国家国际分工地位的影响因素分别进行了分析，他们认为，经济发达程度不同的国家和地区国际地位的影响因素也是不同的，对于发达国家来说，金融规模和创新能力是主要因素，而对于发展中国家来说，人力、物力、制度等方面则具有更重要的影响力。

整体来看，中国制造业参与全球价值链分工地位的影响因素如下。

（1）产业因素。由于各个国家的技术水平、资源要素处于动态变化中，因此，其比较优势也会随时间推移而发生变化，因此，要充分考虑产业方面的影响因素，本书的产业影响因素主要考量制造业产业发展要素的影响，包括人力资本、技术发展水平、生产性服务业发展等。

（2）制度因素。基于中国独特的制度优势，政府对制造业发展的扶持和引导是重要的影响因素。制度优势主要反映在政府和企业（市场）的相互关系中。如果政府以管理者甚至命令者进行自我定位，对市场主体设置过于严格、过度复杂烦琐的门槛和条件，则会导致市场主体在行政审批中浪费大量时间和人力成本，从而导致在国际市场上竞争力的减弱，不利于国际地位的提升。与此相反，如果政府以服务者的角色进行自我定位，则会为市场主体营造平等、有序、高效的市场环境，从而促进他们自身竞争能力和国际地位的提升。

一个国家市场的开放程度是其参与国际分工深度和广度的重要影响因素，加大对外开放力度能够显著加强价值链的后向联系，同时，参与国际分工的部门数量越多，其在国际分工中获得升级的概率也就越大（周升起等，2014）。加入世贸组织为中国经济腾飞创造了良好的条件，经过快速发展，中国在出口贸易方面已经跃居世界前列，然而，中国的国际化道路依然困难重重，技术水平的落后导致中国绝大部分产业都停留在全球价值链的中低端。因此，增强研发创新力度、排除被长久锁在价值链中低端的风险、快速提升国际分工地位成为中国的首要目标和任务。同时也要看到，自主研发的外部性特征导致无法单单依靠企业自身进行技术创新投资，这样做极容易发生市场失灵等问题，因此，政府的宏观调控尤为重要。

5.1.2　变量选择

本书将基于制度影响因素和产业影响因素选择研究的变量，进行模型的构建和分析。

1. 被解释变量

本书聚焦于制造业参与全球价值链分工地位的影响因素分析，因此，本书的被解释变量就是制造业全球价值链地位指数，用 GVC 代替。

2. 解释变量

参考前面的影响因素选择和分析，本书确定以下主要解释变量。

（1）垂直专业化程度（*VS*）。

相关研究证明，中国制造业是在逐步融入垂直专业化分工的基础上发展起来的，垂直专业化分工下的技术溢出、技术引进是中国制造业技术进步及国内技术含量提升的主要路径。前文论述中也证明了垂直专业化程度将影响全球价值链地位，因此本书将垂直专业化程度作为全球价值链分工程度的重要因素，重点分析其对制造业全球价值链地位的影响。

（2）人力资本（*HR*）。

在考量制造业的人力资本时，学者习惯使用三种描述方式：一是以人均工资附加值来表示，二是以高中及以上学历劳动力的数量来表示，三是以从事科研工作的人员数与总的从业人员数的比值来表示。其中，第三种是较为普遍的表示方法，赵囡囡等（2012）和邓丽娜（2015）等学者就是用这种方法对人力资本进行衡量。本书亦采用这种方法，用 *HR*（human capital）表示：

$$HR = 研发人员数/从业人员总数$$

公式中数据来源于《中国科技统计年鉴》和《中国工业经济统计年鉴》，其中，研发人员数从前者获取，从业人员总数从后者获取。

（3）研发投入（*R&D*）。

价值链地位提升内在包含如下三层含义：对全球价值链分工的进一步深化；产品附加值的进一步提升；通过分工获取更多的动态利益。以上三方面目的的达成都离不开技术水平的提升。一个国家或地区的技术水平是指其对科学技术的研发和应用程度，本书将研发投入（research and development，R&D）作为衡量技术水平的指标，当研发投入增加，代表有新的中间品被生产或者原先的中间品价值得到提升，这些中间品将被用于最终产品部门。

中国制造业技术水平的高低直接影响中间产品的数量和价值链的参与深度，进而影响中国在全球价值链中的地位。对国际贸易而言，不仅中国企业的研发投入会影响自身国际地位，合作企业的研发投入也会影响中国企业的国际分工地位。除了以增加中间产品、深化价值链参与的方式影响国际分工地位，研发投入还促使公众知识资本的积累，使研发人员可以不断利用已获取的知识进行技术研发和创造，从而大大降低了未来的研发成本，对国际分工地位的提升起到重要推动作用（王岩，2019）。因此：

$$R\&D = 制造业研发经费支出$$

以上数据取自《中国科技统计年鉴》中 R&D 经费内部支出。

（4）政府补贴（GOV）。

政府的扶持和引导对于一个国家和地区的经济发展至关重要，财政直接拨款是其中一种重要方式，通过拨款可以对企业发展起到引导作用，同时能够弥补市场失灵造成的损失。此外，针对企业研发投入不足的问题，政府还可以给予研发补贴，以此激励企业积极加大研发力度，提高产品技术含量，促进国际地位攀升。

对政府补贴的衡量主要有两个指标：一是以补贴资金在总营业收入中的占比进行衡量；二是以政府补贴条目进行衡量。本书借鉴较为成熟的实证研究中所用方法，以研发经费中政府补贴资金数在主营业务收入中的占比进行衡量，用 GOV（government subsidy）表示：

$$GOV = 政府资金/行业主营业务收入$$

政府补贴资金数据来源于 2000～2011 年《中国科技统计年鉴》中"研究与开发机构研究与试验发展（R&D）经费内部支出按资金来源分"条目；制造业主营业务收入数据来源于《中国统计年鉴》。

（5）外商直接投资（FDI）。

自改革开放以来，中国对外资引进尤为重视，围绕外资企业对设立、经营等各个环节陆续出台了多项政策措施，同时从法律法规层面对外商投资企业进行保护。

中国经济 40 多年来的突飞猛进离不开开放型经济的支撑，外商直接投资企业对中国制造业的发展壮大和转型升级发挥了重要的推动作用。

第一，外商直接投资直接促使国外大量中间产品流入中国，从而对中国出口产品的附加值产生影响，这种影响表现在两方面：其一，中国出口产品的国内附加值部分得到了显著提升，国内中间品的价格因为国外中间品的流入和竞争而降低，导致需求增加，进而促进产品生产率的提升，最终使中国出口产品的国内附加值得到提升；其二，中国出口产品的国内附加值部分出现下降，这是由于国外企业掌握了核心环节的控制权，从而把中国所锁定在只能获取较低附加值的环节上，与此同时，如果中国企业对技术水平和产品标准不能达到外国企业对要求，则会导致出口产品国内附加值的降低。第二，由于外商直接投资存在"溢出效应"，会对中国产业结构优化、产品竞争力的提升、科技水平进步起到促进作用。综上所述，外商直接投资对提升中国制造业价值链分工地位有重要的影响（李俊文等，2020）。

$$FDI = 外商直接投资（存量）$$

FDI 数据来源于《中国统计年鉴》。

（6）生产性服务业发展（*IPS*）。

生产性服务业的发达与否可以通过以下指标进行衡量：企业的资本实力和融资能力、当地金融市场的完善程度、金融市场的服务能力等。显然，生产制造位于全球价值链的低端位置，而品牌营销、研发设计等高附加值活动则处于价值链的最高端位置。发达的生产性服务业能够帮助制造业在研发方面取得进步，从而增加产品的附加值；金融、销售物流等方面的服务都可以为企业降低成本，从而助推企业向价值链高端迈进。生产性服务业主要包括：金融服务业，交通运输、仓储、邮政业，科技研发、技术服务，信息传输、计算机服务、软件开发，租赁和商务服务业等。生产性服务业的发达程度可以用生产性服务业增加值在生产总值中的占比来表示：

$$IPS = 生产性服务业增加值/GDP$$

选取的数据来自《中国统计年鉴》。

5.1.3 计量模型

结合各变量，建立如下实证模型：

$$GVC_{it} = \alpha_0 + \alpha_1 VS_{it} + \alpha_2 \ln HR_{it} + \alpha_3 \ln R\&D_{it} + \alpha_4 \ln GOV_{it}$$
$$+ \alpha_5 \ln FDI_{it} + \alpha_6 \ln IPS_{it} + \lambda_i + \gamma_i + \varepsilon_{it} \qquad (5.1)$$

其中，GVC_{it} 代表 i 行业 t 时期的制造业全球价值链，VS_{it} 代表 i 行业 t 时期的全球价值链分工程度，数据来源于本书第 3 章的测算。i 为行业；t 为年份；$\alpha_1 \sim \alpha_5$ 为解释变量的回归系数；λ_i 为行业虚拟变量；γ_i 为年份虚拟变量；α_0 为常数项；ε_{it} 为随机误差项。

将影响因素的各变量总结如表 5-1 所示。

表 5-1   影响因素变量

变量		变量定义	数据来源
被解释变量	GVC	制造业全球价值链地位指数	WIOD 数据库测算
解释变量	VS	垂直专业化程度	WIOD 数据库测算
	GOV	政府资金/行业主营业务收入	《中国科技统计年鉴》
	FDI	外商直接投资（存量）	《中国统计年鉴》
	HR	研发人员数/从业人员总数	《中国科技统计年鉴》
	R&D	制造业研发经费支出	《中国统计年鉴》
	IPS	生产性服务业增加值/GDP	《中国统计年鉴》

5.2
检验与结果分析

本部分研究实证数据为面板数据，依据指标选取，对搜集的细分行业数据指标取对数，并应用相关公式，进行面板数据分析。

首先进行单位根检验和协整检验，然后采用静态面板回归，进行固定效应、随机效应的回归，并利用 F 检验、霍斯曼（Hausman）检验，来判断两种检验方法的优劣，比较检验结果。同时，考虑内生性问题，在此基础上，本书进一步将因变量的滞后一期放到自变量中，组成动态面板模型，利用系统 GMM 方法进行动态回归，充分展开系统分析。

单位根检验的方法（test type）较多，本书使用 LLC、IPS、ADF – Fisher、PP – Fisher 方法对 5 个变量进行面板单位根检验。从 *GVC*、*VS*、ln*GOV*、ln*HR*、ln*FDI*、ln*R&D*、ln*GOV*、ln*IPS* 变量的单位根检验结果看，大部分变量在 LLC、IPS、ADF – Fisher、PP – Fisher 检验下的显示序列通过了"接受单位根"的原假设，序列特征较为平稳，一阶差分序列状态平稳，证明存在一阶差分。虽然 LLC 检验没有通过，但经过综合分析，基于哈里斯和李（Harris & Li，2011）等学者的理论，在时间跨度较小的情况下，LLC 检验并非完全可靠，通过对 ADF – Fisher 等检验结果的综合判断，本书认为 *GVC*、*VS*、ln*GOV*、ln*HR*、ln*FDI*、ln*R&D*、ln*IPS* 变量为一阶单整变量。

在通过单位根检验方法证明解释变量和被解释变量为同阶单整后，继而可以借助协整检验法分析两者之间是否存在长期稳定关系。使用佩德罗尼（Pedroni）检验的七大统计量的检验结果见表 5 – 2。

表 5 – 2 协整检验结果

检验方法	统计量	值
Panel v – Statistic	– 1. 800895	0. 9641
Panel rho – Statistic	3. 313146	0. 9995
Panel PP – Statistic	– 1. 229775	0. 0094
Panel ADF – Statistic	– 0. 189849	0. 0247
Group rho – Statistic	4. 722446	1. 0000
Group PP – Statistic	– 3. 397479	0. 0003
Group ADF – Statistic	0. 845457	0. 0011

资料来源：根据计量结果整理。

佩德罗尼的研究认为：变量间协整关系检验的最好方法是 Panel ADF、Group ADF 两种方法，Panel v、Group PP 的检验效果次之，Panel rho、Group rho 的检验效果最不理想。因此，当检验结果存在不一致的时候，应当以 Panel ADF、Group ADF 的检验结果为准。根据表 5 - 2 的 Pedroni 检验结果：Panel ADF、Panel PP、Group ADF、Group PP 的检验结果分别为 0. 0247、0. 0094、0. 0011、0. 0003，均通过了检验，在 1% 显著水平下拒绝不存在协整关系的原假设，因此，可以认为变量之间是具有协整关系的。

5.3

静态面板回归

协整检验表明全球价值链地位指数和垂直专业化程度、人力资本、研发投入、政府补贴、外商直接投资、生产性服务业发展等存在着长期的协整关系。

本书将制造业 17 个细分行业、14 个年份（2001 ~ 2014 年）的面板数据分别利用固定效应、随机效应、混合效应进行回归，最终都通过了检验认定，从回归结果来看，固定效应要优于随机效应和混合效应回归模型。因此，本书选取固定效应模型进行回归，表 5 - 3 展示了固定效应模型的估计结果。

表 5 - 3 　　　　　　　　　　　静态面板估计结果

变量	固定效应					
	模型 5.1	模型 5.2	模型 5.3	模型 5.4	模型 5.5	模型 5.6
VS	- 0. 062 *** (0. 0000)	- 0. 053 *** (0. 0041)	- 0. 027 *** (0. 0017)	- 0. 0411 *** (0. 0007)	- 0. 015 *** (0. 0012)	- 0. 009 *** (0. 0001)
HR		0. 0012 ** (0. 0121)	0. 0007 ** (0. 0124)	0. 0013 *** (0. 0021)	0. 00091 *** (0. 0003)	0. 00082 *** (0. 0002)

续表

变量	固定效应					
	模型 5.1	模型 5.2	模型 5.3	模型 5.4	模型 5.5	模型 5.6
R&D			0.00062 *** (0.0004)	0.000071 ** (0.0105)	0.00000109 *** (0.0092)	0.00000015 *** (0.0085)
GOV				0.00902 * (0.0621)	0.000821 * (0.0564)	0.000727 * (0.0551)
FDI					0.000032 *** (0.0007)	0.000016 *** (0.0004)
IPS						−0.00078 ** (0.0414)
行业效应	控制	控制	控制	控制	控制	控制
时间效应	控制	控制	控制	控制	控制	控制
Prob (F-statistic)	0.0000	0.0000	0.0000	0.0000	0.0000	0.0000
R^2	0.36	0.49	0.61	0.67	0.56	0.51
Adj−R^2	0.43	0.53	0.68	0.70	0.62	0.55

注：括号内的值为 p 值；＊、＊＊、＊＊＊分别代表满足 10%、5%、1% 的显著水平。

从固定效应模型系数来看：制造业 GVC 地位攀升趋势和几个变量有明显的相关性。其中，VS 和 IPS 系数为负，其他变量的系数值均为正，说明制造业 GVC 地位攀升趋势和其他几个变量均为正相关。VS 系数为负，且影响显著，说明后向垂直专业化与全球价值链地位呈负相关，后向垂直专业化程度越高，说明中国制造业对其他经济体的依赖程度较高，在全球价值链分工中的地位较低，阻碍全球价值链地位的提升。IPS 系数为负，是因为国内生产性服务业发展相对滞后，与制造业的相互融合性不强。

VS、HR、R&D、FDI 这四个变量对全球价值链地位的影响是非常显著的，IPS 对全球价值链地位的影响比较显著，GOV 的影响相对不太显著。这说明，人力资本、研发投入、外商直接投资都是直接对全球价值链地位产生影响。政府补贴相对来说，由于需要申请、审核等，加上资金有时候需要分批拨款，周期会比较长，对全球价值链地位的提升影响并不显著。

5.4

动态面板回归

制造业在全球价值链中的地位直接反映其参与分工的深度和能力，同理，参与分工的程度直接影响在价值链中的地位，由于变量的内生性关联，回归分析的结果的可靠性受到影响。

要得到可靠的结果，首先要解决变量的内生性问题，这就要依靠工具变量来实现。具体操作环节，可以借助系统 GMM 方法，将内生解释变量的差分滞后项设置为工具变量。除了可以有效克服内生性问题，系统 GMM 之于工具变量法的优越性还在于，它可以排除时间序列的自相关性及横截面的异方差性对检验结果的影响。综上所述，使用工具变量法进行的回归分析结果仅作为本书的参考，而 GMM 的分析结果则作为准确结论。

同时，由于惯性特征的存在，技术含量往往表现出一定的动态延续性，具体包括：本期的生产和研发活动是建立在过去技术基础之上的，评估难度较大；即使本期技术和研发与往期相比具有较大突破，也仍然由于设备安装、技术培训等原因存在滞后性。因此，系统 GMM 的估计结果更为可靠，本书以系统 GMM 为准、静态回归作为参考的做法是科学和可靠的。

首先，在前文计量回归模型的基础上，将被解释变量 GVC 的滞后一期加入自变量中组成动态面板数据进行回归，然后逐次加入变量进行回归，构建模型如下：

$$GVC_{it} = \alpha_0 + \alpha_1 \ln VS_{it} + \beta_1 GVC_{it-1} + \alpha_2 \ln HR_{it} + \alpha_3 \ln R\&D_{it} + \alpha_4 \ln GOV_{it}$$
$$+ \alpha_5 \ln FDI_{it} + \alpha_6 \ln IPS_{it} + \lambda_i + \gamma_i + \varepsilon_{it} \tag{5.2}$$

根据逐次添加解释变量进行回归，回归结果见表 5 - 4。可以看出，GVC 滞后一期的回归系数均为正值，并在 1% 的水平下显著。AR（1）检验的 p 值均为 0.00，模型存在一阶自相关；AR（2）检验的 p 值均大于0.01，拒绝原假设，模型不存在二阶自相关。从 Sargan 检验的结果来看，p 值均大于 0.1 的模型有 6 个，这说明原假设不成立，因此，工具变量过度识别的情况不会发生。与静态面板回归分析结果相比，动态面板回归分析结果并未发生大的变化，解释变量回归系数的符号也保持不变，同时，显著性有较大幅度提升，大部分达到或超过了 1%。

表 5 - 4   动态面板估计结果

变量	系统 GMM 方法					
	模型 5.1	模型 5.2	模型 5.3	模型 5.4	模型 5.5	模型 5.6
GVC_{it-1}	0.0037 ** (0.0001)	0.0038 ** (0.0003)	0.0038 ** (0.0004)	0.0035 *** (0.0009)	0.0037 *** (0.0012)	0.0035 *** (0.0001)
VS	-0.021 *** (0.0000)	-0.023 *** (0.0001)	-0.023 *** (0.0007)	-0.017 *** (0.0001)	-0.019 *** (0.0002)	-0.011 *** (0.0001)
HR		0.0012 ** (0.0002)	0.0007 ** (0.0004)	0.00013 *** (0.0034)	0.00072 *** (0.0003)	0.00013 *** (0.0003)
R&D			0.00015 *** (0.0004)	0.00027 *** (0.0015)	0.00075 ** (0.0081)	0.00034 *** (0.0215)
GOV				0.000385 *** (0.0021)	0.00024 ** (0.0113)	0.000574 *** (0.0081)
FDI					0.000032 ** (0.0102)	0.000016 *** (0.0004)
IPS						-0.000245 *** (0.0016)
行业效应	控制	控制	控制	控制	控制	控制
时间效应	控制	控制	控制	控制	控制	控制
AR（1）p 值	0.0000	0.000	0.00	0.00	0.00	0.00
AR（2）p 值	0.13	0.13	0.12	0.17	0.17	0.15
Sargan 检验 p 值	0.31	0.33	0.26	0.36	0.39	0.33

注：括号内的值为 p 值；**、*** 分别代表满足 5%、1% 的显著水平，2SLS 使用的工具变量为 DVA 的滞后一期，系统 GMM 使用的工具变量为 DVA 的滞后一期。

从回归结果来看，除 *VS* 和 *IPS* 外，系数值均为正，说明制造业 GVC 地位攀升趋势和几个变量有明显的相关性，并且均为正相关。第一，*VS* 对 *GVC* 影响最大，系数显著为负，模型 5.6 系数值为 -0.011，说明随着全球价值链后向垂直专业化程度的降低，制造业全球价值链分工地位攀升增幅越大，也反映中国制造业出口对其他经济体出口的依赖要不断降低，才能实现全球价值链地位的攀升。第二，人力资本、研发投入、政府补贴、外商直接投资等与价值链地位攀升呈显著正相关关系，其中政府补贴系数最小，反映政府补贴虽然能够正向影响行业价值链地位，但促进作用较小。第三，生产性服务业发展水平系数值为负，与价值链地位攀升呈显著负相关关系，说明生产性服务业发展对推动制造业全球价值链升级的作用不大，一定程度上还限制了制造业的升级。

5.5

三大类型行业实证分析

为了考察行业异质性对回归结果的影响，这里按照第 3 章的标准，将 14 个细分行业划分为高、中、低三种技术类型分别进行回归，结果见表 5-5。首先，结果表明 3 个模型都表现出一阶相关性，但未呈现二阶相关性，其次，通过 p 值全部大于 0.1 可以判断工具变量过度识别的问题不存在。三种技术水平行业的 GVC 回归系数均为正，并在 1% 的水平上显著。

表 5-5   高、中、低三种技术水平行业估计结果（系统 GMM 方法）

变量	低技术水平制造业	中技术水平制造业	高技术水平制造业
GVC_{it-1}	0.0031 *** (0.0000)	0.0037 *** (0.0001)	0.0036 *** (0.0000)

续表

变量	低技术水平制造业	中技术水平制造业	高技术水平制造业
VS	−0.012 *** (0.0001)	−0.0102 *** (0.0001)	−0.015 *** (0.0001)
HR	0.00011 *** (0.0001)	0.00017 *** (0.0002)	0.00018 *** (0.0001)
R&D	0.00201 *** (0.0041)	0.00031 ** (0.0254)	0.0037 *** (0.0021)
GOV	0.000511 *** (3.34)	0.000574 *** (0.0081)	0.000512 *** (0.0071)
FDI	0.000054 *** (0.0001)	0.000036 *** (0.0000)	0.000024 *** (0.0011)
IPS	−0.000573 *** (0.0001)	−0.0000257 *** (0.0016)	−0.001455 *** (0.0001)
AR（1）p 值	0.00	0.01	0.00
AR（2）p 值	0.24	0.43	0.19
Sargan 检验 p 值	0.31	0.37	0.32

注：括号内的值为 p 值；** 、*** 分别代表满足 5%、1% 的显著水平，2SLS 使用的工具变量为 DVA 的滞后一期，系统 GMM 使用的工具变量为 DVA 的滞后一期。

从表 5-5 可以看出，垂直专业化程度中，低技术水平制造业回归系数为 −0.012、中技术水平制造业回归系数为 −0.0102，高技术水平制造业的回归系数为 −0.015，反映出中技术水平制造业的垂直专业化程度对全球价值链地位的影响要高于低技术水平制造业和高技术水平制造业。并且，高技术水平制造业的人力资本和外商直接投资也显著低于其他两类技术水平的行业，说明目前不能依赖高技术水平制造业对全球价值链地位的贡献中的人力资本和外商直接投资部分。同时，高技术水平制造业的生产性服务业 IPS 值也显著低于其他两类技术水平行业，说明目前中国国内与高技术水平融合的市场渠道、品牌销售等生产性服务要素偏低、偏少，这些都大量被发达国家的外商投资企业所控制，导致了中国为制造业配套的生产性服务业也陷入"品牌销售渠道被锁定"的困境。

5.6

结果分析

5.6.1 垂直专业化分工程度

后向垂直专业化嵌入在一定程度上阻碍了制造业全球价值链地位的提升，这一关系在不同计量方法、控制内生性及分行业回归的情况下依然成立。前文分析提到，中国高技术水平制造业出口更依赖其他经济体出口，全球价值链的地位也显著低于其他两类技术水平行业，说明其他两类技术水平制造业已经突破全球价值链的低端环节，处于中端甚至部分处于高端的环节。相比之下，高技术行业仍然处于价值链的低端。同时，其他两类技术水平制造业国际竞争也没有高技术行业那么激烈，通过长期学习、借鉴和积累，已经培养出自己的研发队伍，具备较强的自主研发能力，技术进步取得的一定突破，能够有效促进国内技术含量的提升。高技术行业国际竞争异常激烈，核心技术和主要市场都掌握在发达国家手中。中国的高技术行业在发达国家的技术封锁和控制之下被"锁定"在全球价值链的低端，主要依靠"两头在外"的加工贸易来维持生计。这种情况下，一方面，国内中国高技术行业难以形成有效的研发团队和研发体系，自主研发能力十分有限，难以取得技术突破。另一方面，由于长期从事加工贸易"路径依赖"效应，高技术行业缺乏自主研发活动的动力和积极性。

5.6.2 外商直接投资

外商直接投资与制造业地位是呈现正向变化关系的，能够对中国制造业地位提升提供强大的资金支持并发挥引领作用。一般来说，发展中国家会普遍面临资金不足问题，而在开放环境下，大量外资的进入可以有效弥补这方面的缺陷，拉升发展中国家的投资水平，为国内制造业的发展提供强大资金支持。与此同时，发展中国家可以加大出口加工区的建设力度、出台针对外国投资的各方面优惠政策，从而吸引更多外商投资。在外商直接投资的初始阶段，一般针对的是服装、纺织等劳动密集型的产业，投资方式主要是加工贸易。随着外商投资对一国产业竞争格局和资源配置方式的重塑，国内资本也在外资的引领下流向特定的产业，此时技术成熟、利润相对丰厚的劳动密集型产业获得进一步发展。当加工贸易的兴起和发展增加了一国国民收入水平之后，国民需求从低端产品向高端产品转移，因此引发了需求的改变，加之政府引导作用的发挥，外资开始增加在汽车、半导体、家电等技术、资本密集型产业中的投资，在其引领下更多的国内资本随之进入，促使这些产业的快速发展，从而推动发展中国家制造业的逐渐更替与升级（阳立高等，2018）。当然，产业的升级与跨越发展仍然未能摆脱组装加工的原始特性。需要指出的是，当发展中国家所具有的天然禀赋无法满足其发展高技术产业的需要时，通过国际分工可以实现向高技术产业的介入，从而带动产业结构的跨越升级。

改革开放伊始，中国出台了一系列政策鼓励外商直接投资，包括扶持"三来一补"加工贸易，这些举措促使中国制造业迅速融入全局价值链并占据一定位置。至20世纪80年代，随着改革开放的进一步深化，中国将改革开放的战略地位进一步明确和提升，在吸引外商投资、扶持加工贸易发展方面进一步加大力度，制造业步入快速发展期，在更深入、更广泛参与全球价值链的过程中得到了显著成长。21世纪以来，中国制造业在全球价值链中的地位持续稳步提升，尤其是服装、鞋帽、电视等产品等产销量长期居于全球首位。图5-1从理论上解释了外商直接投资对制造业价值链升级的作用机理，说明外商直接投资能够促进全球价值链的升级。从实际来看，外商投资长期处于增长态势，统计数据显示，2019 年第一季度，中国实际使用外资 358 亿美元，比上年同期增加 3.7%。从 2019 年外商投资行业来看，1~3 月，制造业新设立外商投资企业 1237 家，同比下降 7.3%；实际使用外资金额 110.7 亿美元，同比增长 8.5%，说明中国依然高度重视外商直接投资，对外商投资的引导性不断提高，制造业中 FDI 投资资金不断增大，这给予了中国制造业丰富的营养，使其在全球价值链中得以成长。制造业对全球价值链的深入程度使其发展为全球重要的生产基地，同时获得了"世界制造工厂"的称号。

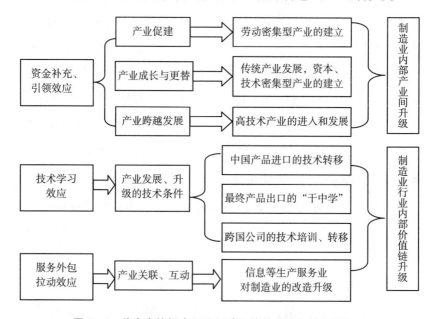

图 5 - 1   外商直接投资促进制造业价值链升级的作用机理

资料来源：罗伟，吕越. 外商直接投资对中国参与全球价值链分工的影响 [J]. 世界经济，2019，42（5）：49 - 73.

5.6.3   政府补贴

政府补贴是基于一系列产业发展的优惠政策实施的，补贴的发放对激发企业创新积极性、帮助企业环节融资困难、提高产出附加值等具有重要意义。查默斯·约翰逊指出政府以提升本国产业在世界范围的竞争力而对特定产业进行扶持或者限制的一系列活动称为产业政策。产业政策是经济政策体系的一部分，它与货币政策、财政政策互为补充，共同推动经济发展。在充分研究产业结构规律的基础上，政府综合采用产业、财政、税收三个方面经济政策，促进战略型、科技型产业发展，同时压制落后产业的发展。日本政府是运用政策促进产业发展的典型代表，在政策扶持下，日本产业经历了从轻纺工业到重工业、再到高新技术产业的华丽转变。在进口保护、研发补贴等措施作用下，日本的钢铁和造船业、汽车和设备产业、高技术产业在 20 世纪 50 年代至 70 年代间相继兴起，创造了经济复苏的奇迹。然而，日本的计算机、石油化工产业始终未能按照日本政府的意愿得到发展壮大，这也有力说明了产业政策需要辅以其他动力机制才能实现更好的促进作用。

中国一直在保持较高财政投入力度和支出强度的同时，着力支持实体经济发展，对制造业的发展进行补贴，实施了一批加大减税降费力度、降低实体经济成本的策略。2013～2017 年，中国"营改增"措施实施以来共减少税收 2.1 万亿元，加之对专门针对小微企业实施的税收优惠政策和对收费项目的集中清理，累计为市场主体减轻约 3 万亿元负担。[①] 2019 年，中国继续实施降税减费力度，新一批针对小微企业的减税措施既包括企业所得税优惠，也包括增值税起征点的提高，预计每年可再为小微企业减负约 2000 亿元。同时，工信部规划建设一定数量的高水平制造业创新平台，促进技术研发和交流的开放性与协同性，成为企业研发的坚强支撑；将研发费用加计扣除比例进一步提高至 75% 且覆盖所有企业；通过加大首台套整的落实力度提高企业研发积极性。所以，要继续保持政府对制造业发展的财政补贴和政策扶持力度，方能为促进制造业发展、

---

① 第一财经．五年减税降费超 3 万亿元，今年减税降费仍有亮点［EB/OL］（2018－03－01）．https：//baijiahao．baidu．com/s？id = 1593724759363009314&wfr = spider&for = pc.

激励创造创新提供良好的政策环境。

5.6.4 研发投入

研究结果显示，研发投入（*R&D*）的估计系数在1%的水平上显著性分析结果为正，这反映出企业研发投入对于中国制造业地位提升的积极作用。显然，技术创新一方面能够显著推动产业发展，另一方面能够催生出新的产业，从而满足更多样的市场需求。对传统产业进行研发和创新可以促使其功能改善，甚至诞生新的产品。例如，技术创新使黑白电视机逐渐演化为彩色电视机、3D电视机、网络电视，使传呼机从数字演变为汉字，再演变为手机。技术创新在改善产品的同时激发了潜在的巨大市场需求，同时，促使生产率迅速提高，企业逐渐积累核心技术，制造业整体得到跨越发展，国家竞争力得以显著提升。

内生增长理论认为，产业升级受到两个主要因素的制约，即技术创新能力和人力资本实力。随着全球化的加剧，技术创新的含义也发生了微妙的变化，如今的技术创新一方面要求企业具有自主研发能力，另一方面也要求企业能够对国外的先进技术迅速消化吸收、为我所用，两者都是技术创新能力的有力体现。研发能力必然促进产业技术含量的提升，改善制造业的投入与产出关系，促进制造业地位的提升，具体表现为三个方面：第一，强大的研发能力能够促进新技术、新产品甚至新业态的诞生，推动制造业升级，激发潜在市场需求、扩大市场占有率，更大的市场又进一步为产业发展提供更大空间；第二，技术研发能够有效降低企业的各方面成本、提高劳动生产率，从而增加企业的利润空间，当利润率增加，在市场的调控下，更多投资者进入该行业，促进整个产业的转型升级；第三，善于对国外先进技术进行引进、消化、二次创新的企业能够创造"后发优势"，达到青出于蓝而胜于蓝的效果，从而在花费较低成本和较少资源的前提下，实现国际分工地位的跃升。根据《2018 年国民经济和社会发展统计公报》，中国 2018 年的研发经费总额为 19657 亿元，比上年增长 11.6%，2017 年这一数据为 12.3%。这说明中国高度重视研发投入，这也是中国制造业全球价值链分工提升的重要因素。

5.6.5　人力资本

制造业要实现转型升级就必须依靠数量充足的具有创新能力和精湛技术的人才队伍，这些人力资本的积累增强了制造业产业对技术的消化吸收和研发能力，这是新产品新技术诞生的前提条件。现实情况是，中国随着工业化步伐的不断加快，对于中高端技术人才和熟练操作人才的需求不断提升，技术人才和熟练技术工人可以作为研发活动和生产活动的主体，从内部和外部对产业升级产生直接的促进作用。但是大量的低端劳动力对于提升制造业水平并没有促进作用，所以中国制造业未来看中的不是就业人数而是高级技工和技术研发人才的需求和消化能力，这部分人群是我们培养和发展的重点。但是，中国知识产权保护力度不够、信用体系不够健全、市场机制不够成熟等方面的问题导致技术人才无法得到充分利用，从而影响制造业竞争力的提升。

5.6.6　生产性服务业发展

生产性服务业发展的估计系数为负，这代表制造业地位与生产性服务业呈反向变化关系。由此看出，生产性服务业的发展非但不能提升制造业在全球价值链中地位的提升，还在一定程度上起到制约作用。究其原因，中国生产性服务业存在先天不足，其发展滞后于制造业需求，因而与制造业的融合不够，提供的管理、销售、产品设计等方面服务质量不高，同时融资、风险投资等方面的服务严重匮乏。其中，一些重要的生产性服务，如市场渠道、品牌营销等，为外商投资企业所控制，这一点成为价值链提升的阻碍因素，致使中国制造业的销售渠道被长期锁定。何强和刘涛（2017）、刘佳斌（2018）、郭澄澄（2019）等通过研究也证明了这一结论，他们指出，生产性服务业的滞后、中低端制造业去除过剩产能速度过慢、智能化进程的迟缓等都是中国制造业转型升级的一些突出制约因素。

强大的、与产业发展需求相匹配的生产性服务业，是发达国家占据价值链高端主导地位的一大重要因素。图 5－2 展示了中国生产性服务业及制造业的发展趋势，从图中可以看出，从 2004 年开始，两者的行业增加值都呈现出上升趋势，但两者的增加值在 GDP 中的占比却呈现截然相反的变化趋势。尽管中国生产性服务业的整体水平偏低，但在 GDP 中所占比重在持续上升，与发达国家的差距也在逐步缩小，逐渐成为中国制造业产业融入全球价值链的重要推动力。

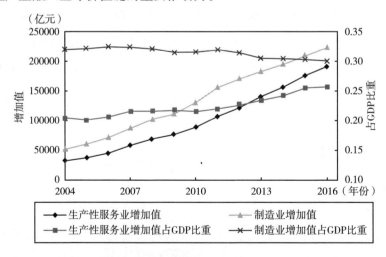

图 5－2　生产性服务业和制造业增加值及占 GDP 比重走势

资料来源：根据生产性服务业增加值数据绘制。

5.7

本章小结

　　基于行业层面，从产业因素和制度因素两方面对影响中国制造业参与全球价值链分工地位的因素做了实证分析，通过静态和动态系统 GMM 回归分析，我们发现，人力资本、外商直接投资、政府补贴、研发投入对全球价值链分工地位是显著正相关的，后向垂直专业化和生产性服务业发展对全球价值链分工地位是负相关的，也就是说，人力资本、外商直接投资、政府补贴和技术水平会提高全球价值链分工的地位，政府补贴的影响相对小一些，而后向垂直专业化在一定程度上会抑制全球价值链地位的提升，生产性服务业发展相对较弱，陷入"品牌销售渠道被锁定"的困境。

第 **6** 章

制造业企业参与全球价值链分工地位的影响因素
——基于微观企业层面分析

前文对中国制造业参与全球价值链分工地位进行了深入的分析和研究，中国制造业企业是推动制造业参与全球价值链分工地位的重要动力。中国要实现产业升级和企业增值，就要对中国在国际分工的角色演变进行研究，研究中国企业在全球价值链嵌入攀升的变动机理。那么要想彻底厘清这一关系，先要解决如下问题：一是中国企业嵌入全球价值链的环节、位置，是否可以量化，以及如何量化的问题；二是分析不同企业在全球价值链的位置区别；三是自中国企业嵌入全球价值链后，位置如何变化，以及驱动位置变化的内在动力问题。对企业所处价值链的位置测定和量化计算的研究，为企业微观层面全球价值链研究提供了基础，更为中国企业嵌入全球价值链、从价值链向更高层级全球价值链攀升产生重大意义。因此，本章从企业异质性视角围绕企业所有制变异、贸易方式异质方面，对中国企业处于价值链位置进行测算，实证分析影响制造业全球价值链地位的影响因素，揭示其变化的内在机制。

6.1

数据选取及计算模型

6.1.1 数据选取

在数据选取时，本章数据主要来源于三个数据库：第一个是中国海关数据库（CCTS），第二个是中国工业企业数据库（CIFD），第三个是WIOD投入产出表。

（1）CCTS拥有完整的外贸数据记录，每月都会详细统计各家外贸企业HS 8位编码商品进出口情况，数据翔实准确，具体有出口地点、出口目的地、贸易方式、产品数量价格等数据指标，所以CCTS能准确掌握中国每家外贸企业的商品结构及变动情况，为本书的研究提供了企业进出口产品贸易数据。但在研究中，还需要一些企业特征等有关指标，CCTS 并没有相关性描述，为此本书还选取了 CIFD，用于分析不同企业全球价值链的变动机理。

（2）CIFD 主要用于统计中国工业企业数据，覆盖了国有企业和相应规模的非国有工业企业，数据内容包含企业所有制、企业的行业领域、规模大小、销售额度等。在分析全球价值链的变动机理时，需要使用企业的有关数据，CIFD 方便了本书的研究。

（3）本书在研究时，使用了 WIOD 中的中国投入产出表数据，用以对各行业在全球价值链中的位置指数进行测算。

上述三类数据可以对制造业企业参与全球价值链分工作出全面分析，也是本书采用的关键数据。

（1）前两者数据库的匹配。CCTS 和 CIFD 数据的合并，关键是要找到确认为唯一企业的特殊识别码。一般情况下，企业在注册过程中，工商管理局会确认其名称的唯一性，为此本书对两套数据的匹配依据企业的中文名进行识别。采用该方法，可以避免重复性判断，也不会缺失或者统计错误，匹配效果较好。从对已有文献的统计来看，这种方法也被学者广泛使用，如厄普沃德等（Upward et al.，2013）、张杰等（2013）。

（2）三个数据库的全面匹配。WIOD 投入产出表描述的是行业领域相关的数据，在行业领域为 ISIC 分类，将 CCTS、CIFD 与 WIOD 三者相互匹配起来。CIFD 归属于国民经济行业（GB/T）分类，CCTS 主要使用的是商品税则号（HS）分类，与 ISIC 在分类匹配上难度比较大。

因此，在分类的匹配上本书采用了以下方法：按照行业领域内容的相关性，第一步，对 GB/T 与 ISIC 两个进行匹配；第二步，参考周申（2006）的研究方法对 HS 和 GB/T 进行了分类匹配。通过这两步数据的匹配，就实现了 CCTS、CIFD 与 WIOD 的相互匹配。

上述为三类数据的匹配表，可进行进一步处理。

（1）海关数据。找出明显不合理的部分，并加以记录，年度数据由月度数据叠加而成。

（2）贸易代理商。乔尔等（Chor et al.，2014）在这一问题的研究中，测算过程没有考虑中间商，但是贸易中间商并不能简单忽视，其所占比重不低且呈增加趋势，因此贸易代理商问题并不能忽视。首先，在进出口过程中，中间商没有任何的产品生产行为，其主要任务还是代理，对于价值链的意义不是很大，所以在考虑价值链上位置时并不需要关注；其次，中间商作为代理商，如果忽视了中间商，在衡量企业出口的数据时可能会低估，从而造成数据的不准确性。由此，在解决贸易代理问题上，需要校正海关数据。主要原因是海关数据内容为进出口额，考虑中间代理商时，就需要校正数据，找出企业的实际出口额。其方法如下。

第一步，运用申等（Shin et al.，2018）的思路，选取贸易商代理的相关企业，找出海关数据库中带有"经贸""进出口""外经"等字样的数据；第二步，按照 ISIC 分类标准，测算制造业行业贸易代理出口额与行业总出口之比 $share_{jt}^{E}$，和通过贸易代理进口额与行业总进口之比 $share_{jt}^{M}$；第三步，按照式（6.1）、式（6.2）进行计算：

$$IE_{ijt}^{adj} = IE_{ijt} / (1 - share_{jt}^{E}) \qquad (6.1)$$

$$IM_{ijt}^{adj} = IM_{ijt} / (1 - share_{jt}^{M}) \qquad (6.2)$$

其中，IE_{ijt}^{adj} 为企业的实际出口，IM_{ijt}^{adj} 为企业的实际进口（i 代表企业，j 代表行业），此计算方法经过了中间商数据的校正。IE_{ijt} 和 IM_{ijt} 为海关数据中的行业出口额和进口额。采用上述计算法，笔者对每家企业的每个行业的进出口商品均进行了修正，并以修正数据来测算全球价值链位置角色。

（3）数据的选择。选择样本时间段的平衡面板数据，被选企业为发生进口行为的企业。在同一个企业进出口数据进行纵向研究时，对于同一类型的企业，应选取相同样本，全面分析跨年度数据，确保科学性。本书从海关数据库中选取相关企业，被选企业时间段为 2000～2007 年进行持续进出口行为的企业（见表 6 - 1）。

（4）CIFD 数据库的处理。本书在对企业全球价值链位置变动机制进行研究过程中，需要搜集企业相关特征指标，因为会使用中国工业企业数据库内容，在对数据库内容进行处理时，依据原则如下：只选取正常营业状态企业，去除非营业企业，对正常营业数据处理时，直接剔除其中明显不合理的数据观测值，其中包括主营业务收入、固定资产合计、流动资产合计为 0 或者为负数的值，从业者小于 8 人的也去除。

表 6 - 1   中国海关数据库的描述性统计

年份	出口			进口		
	中间商企业占比（％）	企业数	持续出口企业比重（％）	中间商企业占比（％）	企业数	持续进口企业比重（％）
2000	11.61	54585	23.35	10.94	54832	20.51
2001	11.80	59336	21.43	11.23	58578	19.14
2002	11.95	65996	19.24	11.77	64508	17.27
2003	13.08	77897	16.09	13.09	71108	15.44
2004	15.83	91801	13.22	15.07	78129	13.73
2005	15.88	98066	12.37	15.67	77624	13.72
2006	22.11	127293	8.82	17.24	98480	10.61
2007	23.60	135311	8.14	18.82	96767	10.60

资料来源：根据中国海关数据库整理。

6.1.2 计算模型

本书在构建模型计算时，主要采用乔尔等（2014）的思路，在计算制造业行业价值链指数时，以产品价值链指数为依据，按照产品进出口结构和加权计算出的结果可确定企业价值链位置指数。

1. 测算行业价值链位置的上游度指数

行业价值链位置的概念，指的是国家行业处于全球价值链中的概略位置，安特拉斯等（Antras et al.，2012）提出了上游度指数测算法，对这一概略位置进行了测度（Upstream Index）。根据定义，可以将行业位置理解成由中间品与其组成的最终品间进行加权所得的平均距离：

$$U_i = 1 \times \frac{F_i}{Y_i} + 2 \times \frac{\sum_{j=1}^{N} d_{ij} F_j}{Y_i} + 3 \times \frac{\sum_{j=1}^{N} \sum_{k=1}^{N} d_{ik} d_{kj} F_j}{Y_i}$$

$$+ 4 \times \frac{\sum_{j=1}^{N} \sum_{k=1}^{N} \sum_{l=1}^{N} d_{il} d_{lk} d_{kj} F_j}{Y_i} + \cdots \qquad (6.3)$$

其中，d_{ij} 为单位最终品 j 所需要的 i 行业的产出，F_j 为 j 行业产出中用于最终消费的部分，Y_i 为 i 行业的总产出。权重以阿拉伯数字 1、2、3、4 等表示（即距最终品的"距离"），若增加一个环节，则表示相对最终品的距离加 1。式（6.3）右端的总和代表组成最终品的中间品距最终品的加权距离，也就是说通过多个环节，生产达到了最终品标准，流向市场进行消费。当 U_i 偏大时，说明距离最终品的"加权距离"也就相对较远，所以，在接近于上游时，U_i 却变得更小，导致更接近于下游。式（6.3）右端为一个无限加总的公式，但通过简化并考虑法利（Fally，2011）的研究，则：

$$U_i = [I - B]^{-1} Y = [I - \Delta]^{-1} \times 1 \qquad (6.4)$$

其中，$[I - B]^{-1}$ 代表一国投入产出的里昂惕夫逆矩阵，$[I - \Delta]^{-1}$ 代表一国投入产出的高斯逆矩阵，1 为所有数值均为 1 的列向量。

2. 企业全球价值链位置测算

在研究全球价值链的位置时，以唐宜红等（2018）的研究作为参考，依据企业进出口品所属于的行业对进出口金额汇总，并和相应的行业上游指数作以加权，可以得企业的全球价值链位置指数：

$$P_{it}^{X} = \sum_{j=1}^{N} \frac{X_{ijt}}{X_{it}} U_{jt} \qquad (6.5)$$

$$P_{it}^{M} = \sum_{j=1}^{N} \frac{M_{ijt}}{M_{it}} U_{jt} \qquad (6.6)$$

式（6.5）和式（6.6）表达的是测算企业出口及进口所处的价值链位置，P_{it}^{X}、P_{it}^{M}为企业 i 第 t 年出口、进口所属的价值链位置，X_{ijt}、M_{ijt} 表示的是企业 i 第 t 年在 j 行业上的出口、进口的规模，X_{it}、M_{it} 表示的是企业 i 在第 t 年的总的出口和进口，U_{jt} 为一国 j 行业在第 t 年的上游度指数。同时，可描述企业进出口在全球价值链的位置，具体表述为进出口产品的相关行业上游度指数按照各产品的贸易份额作为权重进行加权平均，该表达方式既说明了企业进出口在价值链位置上的变动情况，也说明了进出口结构的变动，比较合理。

解决了企业全球价值链位置度量问题后，本书参照其测算法的内在机理，进行拓展性研究，由此我们可以知道异质企业下企业全球价值链位置的测算方法：

$$P_{k\_t}^{X} = \sum_{j=1}^{N} \frac{X_{k\_jt}}{X_{k\_t}} U_{jt} \tag{6.7}$$

$$P_{k\_t}^{M} = \sum_{j=1}^{N} \frac{M_{k\_jt}}{M_{k\_t}} U_{jt} \tag{6.8}$$

式（6.7）和式（6.8）表述了第 k 种特征出口和进口在链上位置的度量，X_{k_jt} 和 M_{k_jt} 代表的是第 k 种特征企业在 j 行业的出口与进口，X_{k_t} 和 M_{k_t} 代表的是第 k 类企业的总出口与进口，U_{jt} 为行业链上的位置指数。由此，可以将异质特征下链上度量法进行拓展覆盖所有企业，这样通过加权，就获得了中国企业进出口在全球价值链上的位置。

6.2

企业全球价值链位置测算

对企业全球价值链位置的测算，主要从制造业细分行业、制造业企业出口价值链和进口价值链的位置变化，并对变动效应进行分解。按不同所有制分类企业、不同贸易模式企业，分别测算进出口价值链位置，观察不同所有制、不同贸易模式制造业企业的全球价值链位置变化。

6.2.1 全球价值链位置测算

1. 行业上游度测算

根据历年 WIOD 中国投入产出表，按照上面提到的上游度测算方法，对中国 2000 ~ 2007 年制造业细分行业的上游度指数进行详细测算，具体结果如表 6 - 2 所示。

表 6 - 2　　　　　　　　2000 ~ 2007 年细分行业上游度指数

行业	ISIC 分类	2000	2001	2002	2003	2004	2005	2006	2007
矿业及采掘业	C	3.97	4.02	3.97	4.13	4.20	4.35	4.46	4.61
食品、饮料和烟草制品业	15 ~ 16	1.85	1.88	1.92	2.05	2.08	2.23	2.39	2.42
纺织原料及纺织制品业	17 ~ 18	2.29	2.30	2.31	2.38	2.34	2.43	2.57	2.62
皮革和鞋类制造业	19	1.88	1.88	1.85	1.91	1.81	1.91	2.09	2.13
木材、软木及其制品业	20	3.04	3.08	3.03	3.15	3.18	3.31	3.51	3.62
造纸、印刷和出版业	21 ~ 22	3.41	3.43	3.43	3.56	3.61	3.79	3.93	4.05
焦炭、精炼石油及核燃料加工业	23	3.67	3.71	3.73	3.81	3.81	3.93	4.07	4.17
化学原料及化学制品业	24	3.35	3.39	3.42	3.53	3.50	3.63	3.80	3.89
橡胶及塑料制品业	25	3.35	3.39	3.38	3.42	3.34	3.42	3.58	3.68
非金属矿物产品业	26	2.69	2.70	2.72	2.71	2.67	2.69	2.73	2.76
基本金属及金属制品业	27 ~ 28	3.53	3.55	3.47	3.50	3.42	3.46	3.62	3.70
机械设备制造业	29	2.55	2.58	2.59	2.56	2.57	2.21	2.28	2.45	2.59
电气、光学设备制造业	30 ~ 33	2.52	2.57	2.51	2.46	2.37	2.39	2.56	2.64
交通运输设备制造业	34 ~ 35	2.49	2.60	2.61	2.49	2.32	2.36	2.47	2.60
其他制造业；废物回收业	36 ~ 37	2.12	2.06	1.86	1.95	1.88	1.83	2.05	1.99
电力、燃气及水的供应业	E	3.44	3.46	3.45	3.71	3.88	4.10	4.25	4.41

资料来源：根据海关数据库及上游度指数测算。

表 6 - 2 反映的情况跟中国现有研究成果中行业价值链所处位置基本一致，综合大部分制造业行业来看，其上游度指数增长态势明显，这说

明了中国在全球价值链的地位显著提高，参与全球化价值链的程度也在加深。从图 6-1 上所有行业来看，上游度指数较高的行业主要是一些基础性行业或者原材料行业，比如一些采矿产业、矿产加工业、焦炭行业等，燃煤电行业等供应业，石油提炼、核燃料等加工业，这些行业上游度平均值基本在 4 以上，中国是资源型大国，基础性行业和原材料行业需要深加工的过程较少，因此处在比较上游的位置。上游度指数平均值最低的行业主要有：快速消费品的食品、饮料、烟酒、非金属产品、非矿物产品等行业，这些非基础性和原材料的行业，需要多方合作加工，参与度比较高，因此处在上游度指数较低的位置。同时发现中国交通运输业、机械制造业等行业所处的全球价值链位置较低，究其原因，主要是这些行业内部存在大量加工贸易导致价值链位置较低（见图 6-1）。上述结果从定性分析和定量计算均印证了本书计算结果的合理性。

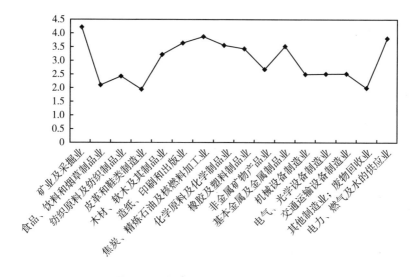

图 6-1　制造业细分行业上游度均值

2. 企业全球价值链位置测算

通过对选取样本企业 2000~2007 年企业进出口所处价值链位置的测算，具体见表 6-3。

表6-3   制造业细分行业全球价值链位置测算

行业	ISIC 分类	出口企业					进口企业				
		样本量	平均值	标准差	最小值	最大值	样本量	平均值	标准差	最小值	最大值
矿业及采掘业	C	375	3.09	0.58	1.81	3.88	1116	3.00	0.44	1.92	3.88
食品、饮料和烟草制品业	15~16	1079	1.94	0.32	1.80	3.57	731	2.40	0.47	1.80	3.41
纺织原料及纺织制品业	17~18	3762	2.30	0.28	1.84	3.51	4407	2.66	0.36	1.84	3.45
皮革和鞋类制造业	19	1001	2.01	0.39	1.84	3.44	218	2.57	0.43	1.84	3.39
木材、软木及其制品业	20	620	2.94	0.22	2.11	3.44	363	2.89	0.27	2.11	3.44
造纸、印刷和出版业	21~22	702	2.97	0.44	2.07	3.58	2174	2.82	0.38	2.07	3.58
焦炭、精炼石油及核燃料加工业	23	39	3.46	0.28	2.43	3.58	203	2.94	0.40	2.30	3.58
化学原料及化学制品业	24	1057	3.17	0.27	2.08	3.31	1519	2.93	0.36	2.07	3.31
橡胶及塑料制品业	25	284	3.01	0.39	2.01	3.44	327	2.80	0.36	2.01	3.44
非金属矿物产品业	26	648	2.66	0.24	2.13	3.51	111	2.66	0.33	2.13	3.51
基本金属及金属制品业	27~28	1655	3.09	0.45	1.91	3.49	601	2.81	0.42	1.91	3.49
机械设备制造业	29	959	2.46	0.07	2.02	2.49	622	2.46	0.07	2.02	2.49
电气、光学设备制造业	30~33	1713	2.43	0.08	2.01	2.46	148	2.41	0.10	2.01	2.46
交通运输设备制造业	34~35	225	2.43	0.03	2.08	2.43	16	2.43	0.02	2.37	2.43
其他制造业；废物回收业	36~37	299	2.07	0.02	2.04	2.13	47	2.07	0.03	2.02	2.15
电力、燃气及水的供应业	E	1	4.31	—	4.31	4.31	—	—	—	—	—

资料来源：根据海关数据库及全球价值链位置指数测算。

表6-3中2000年均值企业价值链位置和对应的行业价值链位置保持相应的一致性；从方差数据计算结果看，在相同的行业情况下，每个企业价值链位置有所区别。主要源于不同企业在进出口贸易中可能从事多产品贸易，由此导致同行业内企业间价值链位置的区别。

6.2.2 企业全球价值链位置测算

基于前文方法，我们把所有样本的出口和进口企业视为同一类企业，对其全球价值链位置进行了测算，并分析总体趋势。表6－4和表6－5分类列出了中国制造业企业的出口价值链位置和进口价值链位置变化情况。

表6－4　　　　　　2000～2007年中国制造业企业的出口价值链位置变化情况

年份	位置	Δ位置
2000	2.509	0
2001	2.550	0.016
2002	2.513	0.002
2003	2.544	0.014
2004	2.474	−0.014
2005	2.554	0.018
2006	2.697	0.075
2007	2.771	0.104

资料来源：根据海关数据库及全球价值链位置指数测算。

表6－5　　　　　　2000～2007年中国制造业企业的进口价值链位置变化情况

年份	位置	Δ位置
2000	2.793	0
2001	2.814	0.008
2002	2.754	−0.014
2003	2.802	0.003
2004	2.790	−0.001
2005	2.896	0.037
2006	3.069	0.099
2007	3.215	0.151

资料来源：根据海关数据库及全球价值链位置指数测算。

从表6－4和表6－5中总体来看，在2000～2007年，中国出口企业参与全球价值链位置从早前的2.509上升到2.771，涨幅为10.44%；而进口企业参与全球价值链位置从先前的2.793上升到3.215，涨幅15.1%。整体来说，进口企业的价值链位置变动浮动要高于出口企业价值链的位置上升幅度。

根据表 6 – 4 和表 6 – 5 绘制了图 6 – 2，更为直观地展示了这种变化，可以看出，进口企业的价值链位置一直高于出口企业，并且在 2004 年以后，上升的曲线更为陡峭，反映出进口企业在这一时期发挥着更大的效应。结合前人的分析，笔者认为这可能与中国从出口导向转为进出口并重的政策导向相关。

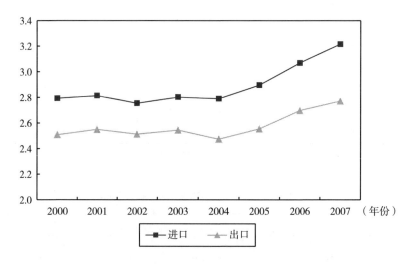

图 6 – 2 2000 ~ 2007 年进口企业和出口企业的价值链位置变动对比

改革开放以来，中国进出口发展经历了一个阶段性的变化：自 1978 年改革开放以来，中国先后对外贸易政策进行了多次调整，根据当时发展状况实施进口替代与出口导向相结合战略措施，制定对外开放方针政策，在加强出口的同时，注重控制进口，促进和发展国民经济，提高关税收入。根据当时产业情况，分类对待，并引入比较优势理论，对于劳动密集型产业实施出口鼓励政策，而对于技术、资本密集型企业实施进口替代战略。2001 年，中国正式加入世贸组织，成为其中一员，中国适时调整对外贸易政策，以出口导向战略为主，同时也面临更加严苛的国际约束，中国对外贸易政策逐步从出口导向型向坚持出口和进口并重的阶段转变，在实际执行层面，2017 年，中国对 187 个税目产品自主大幅度降税，涉及化妆品、服装等产品，并在某种程度上自主对外开放交通运输、金融等近120个部门领域。总体上来说，中国从2012年就开始积极扩大进口，2018年《政府工作报告》中指出，"要积极扩大进口"，对于一些国内需求量大的产品如日用品、汽车等，适当下调关税，推动国内产业升级转型，促进贸易平衡发展。2001年，中国货物进口总额为2400亿美元，2007年中国货物进口总额达到1.9万亿美元，年增长13.8%，在WTO成员中排名前三。2009年以后，中国货物进口结构变化较为明显，其中资本、技术密集型产品虽然一直在进口产品中占据主要份额，但是增长速度却连续递减。中国持续并大力推动"科技兴贸"的战略实施，相应的贸易结构逐步优化，贸易规模逐渐扩大，服务地进口规模也不断扩大（黄先海等，2016）。

6.2.3　按所有制分类

新贸易理论在20世纪80年代提出，其认为双边贸易应以企业的异质性作为基础，也就是说要以企业生产率为基础。企业如果计划出口或将市场拓展至国外，需要根据自身情况评估行业内生产率水平，而后根据自身发展需要在国外市场寻求资源、配置资源，逐步推进行成一体化的生产和企业组织方式。企业并非只在全世界范围内优化组织各类生产要素，而是同时将人力资源进行集聚后与生产要素适当结合才能发挥出资源配置的效应。因为即使再多的物质资本也需要适合的人力资本来配置才能使其发挥效应，进而提高企业效率。

通常企业异质性主要体现在企业规模的大小、企业建立时间、企业资本密集程度、企业所有权属性、人力资本差距、组织方式、技术能力等方面的差异性（马述忠等，2017）。本节根据企业所有制属性不同，将其分为四种类型，主要包括国有企业、集体企业、私营企业和外资企业。对上述不同所有制企业进出口的全球价值链位置进行测算，如

表6-6所示。

表6-6　　　　　所有制异质视角下中国企业进出口全球价值链位置及变动

年份	出口企业					进口企业				
	国有	集体	私营	外资	其他	国有	集体	私营	外资	其他
2000	2.605	2.512	2.533	2.501	2.323	3.332	3.009	2.741	2.690	3.144
2001	2.681	2.563	2.574	2.522	2.761	3.282	2.982	2.945	2.695	2.829
2002	2.634	2.551	2.580	2.467	2.501	3.173	2.994	2.811	2.627	2.663
2003	2.715	2.595	2.610	2.479	2.754	3.331	2.896	2.768	2.635	2.636
2004	2.634	2.550	2.562	2.398	2.373	3.489	2.891	2.701	2.530	2.594
2005	2.764	2.614	2.614	2.451	2.822	3.705	2.968	2.853	2.578	2.425
2006	2.886	2.762	2.776	2.624	2.620	3.929	3.081	2.849	2.764	3.218
2007	2.964	2.867	2.824	2.701	2.682	4.067	3.208	2.785	2.868	2.702

资料来源：根据海关数据库及全球价值链位置指数测算。

根据表6-6测算的结果可以看出，在出口方面，企业全球价值链位置整体呈上升趋势，在2007年达到最高点。通过具体分析可以看出，不同性质的企业在全球价值链中所处的位置上不同的，国有企业、集体企业、私营企业三种类型相比较，国有企业处于最高端，数值达到2.964，而集体企业、私营企业处于上下波动来回转变的趋势，整体来说私营企业略占优势，集体企业最高值为2.876，私营企业最高值为2.824；外资企业处于最低水平，最高值为2.701。

图6-3的展示更为直观，整体来说，可以看出国有企业依然占据绝对优势，在全球价值链位置中占据越来越重要的地位。如图6-4所示，在进口方面，国有企业依然是一骑绝尘，处于绝对优势，并且，国有企业价值链位置最高且上升最明显，最高值达到了4.067。与出口不同的是，其他所有制企业并没有呈现明显的上升趋势，集体企业其次，最高值为3.208；私营企业最高值为2.945；外资企业最高值为2.868，处于最低水平。背后最大的原因可能在于两方面：其一，原本处于价值链较高端的行业，例如矿产资源行业、电力行业等，本身都是受国有资本控

股等，这自然提高了国有企业在价值链中的地位；其二，外资企业往往锁定的是劳动力密集型产业，生产的产品多是供国内使用的终端产品，自然处于全球产业链的低端位置。

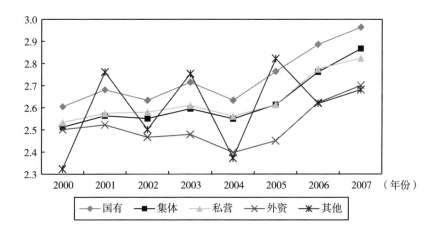

图6-3 制造业细分行业上游度均值

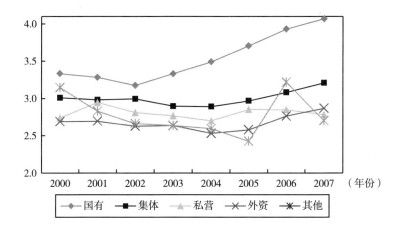

图6-4 所有制异质视角下进口企业全球价值链位置变化趋势

2000~2007年，各种性质的企业无论是出口业务还是进口业务在价值链上的位置均发生了一定幅度的增加，对应的增长率分别为：国有企业出口增长13.78%、进口增长22.06%，集体企业出口增长14.13%、进口增长6.61%，私营企业出口增长11.49%、进口增长1.61%，外资企业出口增长8%、进口增长6.62%。总体来说，各企业进出口业务在全球价值链位置呈上升态势，主要受国有企业、集体企业等大型企业的带动。

6.2.4 按贸易模式分类

本节研究企业在不同的贸易模式下，其所处的产业链位置的不同，具体的研究对象包括：一般型贸易企业、加工型贸易企业及混合型贸易企业。表6-7显示了每种类型企业的进口和出口在全球供应链中位置的变化规律。

表6-7　　　贸易方式异质性下中国企业进出口全球价值链位置及变动

年份	出口企业			进口企业		
	一般贸易	加工贸易	混合贸易	一般贸易	加工贸易	混合贸易
2000	2.988	2.475	2.479	3.326	2.746	2.789
2001	3.019	2.500	2.509	3.316	2.772	2.789
2002	2.944	2.429	2.476	3.162	2.777	2.841
2003	3.063	2.436	2.486	3.252	2.762	2.835
2004	2.981	2.367	2.401	3.353	2.527	2.585
2005	3.164	2.415	2.445	3.192	2.720	2.924
2006	3.181	2.561	2.639	3.462	2.871	3.151
2007	3.165	2.606	2.766	3.398	2.820	3.222

资料来源：根据海关数据库及全球价值链位置指数测算。

结合表6-7数值计算结果分析，在出口方面，不同贸易方式的企业在全球价值链中均呈现逐渐上升的规律，其中，加工型和混合型贸易企业的上升速度较快。整体来看，一般型贸易企业在价值链中的位置相对较高，最高值达到3.181；混合型贸易企业次之，最高值为2.766；加工型贸易企业相对位置最低，最高值仅为2.606。一般型贸易是一种单向型贸易，在贸易中表现为单边输入或输出的进出口方式，从企业出口的全球价值链位置及变动趋势来看，一般贸易一直处于较高水平，也反映中国在商品出口的交易中，一直处于优势地位，这和中国贸易顺差的实际情况基本相符，数据显示，2007 年中国外贸顺差达到 2622 亿美元。图 6-5 展示得更为直观。

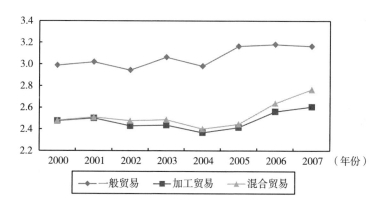

图 6-5　贸易方式异质性下中国企业出口全球价值链位置及变动

从图 6-5 可以看出，企业进口方面，一般贸易企业依然处于价值链优势位置，最高值达到了 3.462，加工贸易和混合贸易则较低。但 2004 年以后，加工贸易在价值链位置上升态势明显，与此同时，混合贸易价值链位置也在同步增长，相比之下，一般贸易涨幅较小，且有波动性。通过图 6-5 中 2007 年数据，可以发现一般贸易在当年的总进出口额达到了 9672.2 亿美元，涨幅 29.1%；加工贸易总额度为 9860.5 亿美元，涨幅 18.5%。但就具体企业而言，中国的加工贸易企业在全球价值链位置层面依然不占优势，在 21 世纪初，中国的人力资源等优势刚开始显现，技术水平一般，刚开始承接国外一些技术转移，加工贸易在全球价值链位置偏低，也与事实情况相符。

图 6-6 对 2000～2007 年这段时期的产业链位置变化进行直观展示。可以发现，进口业务与出口业务的位置均有所上升，但变化幅度不尽相同，2000～2004 年之间上升幅度并不大，其中，甚至有个别类型的企业在下降，例如，2004 年，中国一些进口产品在价值链中的位置出现明显下滑趋势。与此同时，自 2005 年之后，由于中国的进口更加倾向于高新

技术产品和原材料，直接导致进口业务在价值链中位置的明显提升。

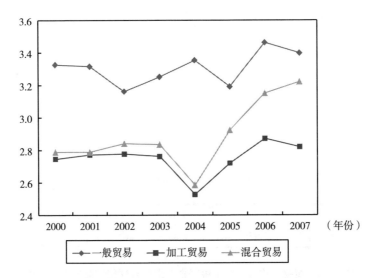

图6-6 贸易方式异质性下中国企业进口全球价值链位置及变动

结合制造业企业贸易方式的不同，根据企业全球价值链位置的变动，并对比中国企业进出口的总量，可以看出，中国制造业发展由低端迈向中高端的转变过程。从2004年开始，中国在高新技术产品方面的出口额开始大于进口额，从此之后，出口额与进口额的差额越来越大，造成了持续增大的贸易顺差。到2008年，出口额超出进口额近740亿美元，是2017年度差额的1.2倍。高新技术产品从开始呈现贸易顺差到顺差额的快速增大，直接反映了中国在高新技术产品方面的发展和优势的逐渐凸显，以及对于整体经济的突出贡献。

2007年，中国对在高新产品的进出口具体贸易表现为三种方式：第一种是进料加工贸易，第二种是来料加工贸易，第三种是一般贸易。2008年，进口贸易在三种贸易方式中仍占据主导位置，在出口方面，比重超过70%，但比上一年度有所下降，下降幅度为3.4个百分点；在进口方面，比重为43%，比上一年度下降了约3个百分点。同样，来料加工的贸易比重在2008年度也出现了下降，从2007年的超过14%下降为

不到11%，相比一般贸易，来料加工较之少2.7%。但来料加工的进口额
出现上升趋势，2007年约为11.7%，到2008年，则上升到13.4%。与
进料与来料相比，一般贸易的进口额变化并不明显，在2006~2008年一
直在20%左右变化，其中，2008年为19.55%。

通过对不同的技术领域进行考察，从图6-7可以发现，不同的技术
领域往往对应不同的贸易方式，例如电子信息技术、材料技术、计算机
技术、通信技术等主要对应进料加工等贸易方式；生物技术、生命科学
技术主要对应一般贸易方式，其中，生物技术领域的一般贸易出口额占
该领域出口总额的99.11%，而生命科学技术领域的一般贸易出口额占该
领域出口额的76.7%。计算机集成制造技术作为一种现代化高新技术，
所需的硬件、材料等各方面要求较高，在进出口上主要采用的是一般贸
易和进料加工贸易，对比两种贸易的进出口占比，分别为47%和42%；
光电技术产品进出口贸易区别于计算机类，光电技术产品主要以加工贸
易为主体，来料加工和进料加工占比相当，分别为45.8%和41%；对比
前两个，航空航天技术主要以进料加工为贸易方式，当然也不排除其他
贸易方式，例如保税仓库进出境货物，比重接近29%（姚战琪，2019）。
可以看出，随着中国国内技术水平和产业规模的不断提升，国内的生产

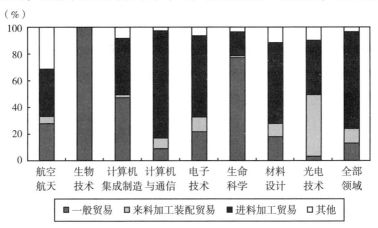

图6-7 2017年高新技术产品进口贸易方式分布

加工方式不断变化，中国的制造业技术水平不断提升。

因此，2000～2007年，中国进出口全球价值链位置上升的原因来源于一般贸易企业，相比之下，加工贸易企业和混合贸易企业有较大的上升幅度空间，发展前景良好。

6.3

影响因素分析

本书第5章从制造业行业层面分析了垂直专业化分工程度等因素对制造业全球价值链地位的影响情况，为了进一步考量这些因素对制造业企业参与全球价值链分工的影响，本节按照制造业细分行业分类，从企业层面进行回归分析。

以企业的全球价值链位置作为因变量，以垂直专业化程度、人力资本、政府补贴、外商直接投资、研发经费支出、劳动用工情况、生产性服务业增加值占比作为自变量，建立如下实证模型：

$$P_{it} = \alpha_0 + \alpha_1 VS_{it} + \alpha_2 \ln HR_{it} + \alpha_3 \ln R\&D_{it} + \alpha_4 \ln GOV_{it}$$
$$+ \alpha_5 \ln FDI_{it} + \alpha_6 \ln IPS_{it} + \lambda_i + \gamma_i + \varepsilon_{it} \qquad (6.9)$$

其中，P_{it}代表i行业t时期的制造业全球价值链，VS_{it}代表i行业t时期的全球价值链分工程度，数据来源于第3章的测算。i为行业；t为年份；$\alpha_1 \sim \alpha_5$为解释变量的回归系数；λ_i为行业虚拟变量；γ_i为年份虚拟变量；α_0为常数项；ε_{it}为随机误差项。

将制造业各细分行业、8个年份（2000～2007年）的数据代入进行测算，开展面板数据分析。

6.3.1　检验结果

根据单位根和协整检验，大部分变量在 LLC、IPS、ADF – Fisher、

PP – Fisher 检验下的显示序列通过了"接受单位根"的原假设,序列特征较为平稳,一阶差分序列状态平稳,证明存在一阶差分。从 Pedroni 检验结果来看,Panel ADF、Panel PP、Group ADF、Group PP 的检验结果分别为 0.0314、0.0109、0.0021、0.0007,均通过了检验,在 1% 显著水平上拒绝不存在协整关系的原假设。这表明企业的全球价值链位置和垂直专业化程度、人力资本、政府补贴、外商直接投资、研发经费支出、劳动用工情况、生产性服务业增加值占比等存在着长期的协整关系。

6.3.2　静态面板回归

将制造业企业的面板数据(2001~2007 年数据)分别利用固定效应、随机效应、混合效应进行回归,最终,固定效应优于其他效应回归模型。表 6 – 8 展示了企业全球价值链位置的固定效应模型的估计结果。

表 6 – 8　　　　　　　企业全球价值链位置的静态面板估计结果

变量	固定效应					
	模型 6.1	模型 6.2	模型 6.3	模型 6.4	模型 6.5	模型 6.6
VS	– 0.0871 ** (0.0000)	– 0.0643 ** (0.0020)	– 0.0318 ** (0.0054)	– 0.0541 * (0.0007)	– 0.0171 ** (0.00274)	– 0.00757 *** (0.0008)
HR		0.00021 ** (0.0153)	0.00011 ** (0.0074)	0.00027 *** (0.0247)	0.000091 *** (0.0003)	0.0000576 *** (0.0008)
R&D			0.00045 *** (0.0024)	0.000464 ** (0.0142)	0.0002134 ** (0.0085)	0.00000138 ** (0.0053)
GOV				0.0404 * (0.0242)	0.0542 *** (0.0575)	0.00377 *** (0.0571)
FDI					0.000037 * (0.0014)	0.000022 * (0.0032)
IPS						– 0.00078 * (0.0374)
行业效应	控制	控制	控制	控制	控制	控制

续表

变量	固定效应					
	模型 6.1	模型 6.2	模型 6.3	模型 6.4	模型 6.5	模型 6.6
时间效应	控制	控制	控制	控制	控制	控制
Prob（F-statistic）	0.0000	0.0000	0.0000	0.0000	0.0000	0.0000
R^2	0.74	0.27	0.67	0.89	0.85	0.81
$Adj-R^2$	0.83	0.49	0.83	0.91	0.89	0.87

注：（）内的值为 p 值；＊、＊＊、＊＊＊分别代表满足 10%、5%、1% 的显著水平。

从固定效应模型系数来看：企业全球价值链位置与各变量的相关系数正负情况与制造业 GVC 地位基本一致，与 *VS* 和 *IPS* 负相关，与 *HR*、*R&D*、*FDI*、*GOV* 正相关。*VS*、*HR*、*R&D*、*GOV* 变量影响更为显著，尤其是政府补贴对企业全球价值链位置的影响要好于对制造业 GVC 地位的影响。进一步的分析将从动态面板回归中体现。

6.3.3 动态面板回归

为解决变量的内生性关联，继续借助系统 GMM 方法，在前文计量回归模型的基础上，将被解释变量企业全球价值链位置 *P* 的滞后一期（2000~2006 年数据）加入自变量中组成动态面板数据进行回归，然后逐次加入变量进行回归，构建模型如下：

$$P_{it} = \alpha_0 + \alpha_1 \ln VS_{it} + \beta_1 P_{it-1} + \alpha_2 \ln HR_{it} + \alpha_3 \ln R\&D_{it} + \alpha_4 \ln GOV_{it}$$
$$+ \alpha_5 \ln FDI_{it} + \alpha_6 \ln IPS_{it} + \lambda_i + \gamma_i + \varepsilon_{it} \tag{6.10}$$

根据逐次添加解释变量进行回归，回归结果见表 6-9。可以看出，全球价值链位置 *P* 滞后一期的回归系数均为正值，并在 1% 的水平下显著。AR（1）检验的 p 值和 AR（2）检验的 p 值显示，拒绝原假设，说明工具变量过度识别的情况不会发生。与静态面板回归分析结果相比，动态面板回归分析结果并未发生大的变化，解释变量回归系数的符号也保持不变，同时，显著性有较大幅度提升，大部分达到或超过了 1%。

表 6 – 9   动态面板估计结果

变量	系统 GMM 方法					
	模型 6.1	模型 6.2	模型 6.3	模型 6.4	模型 6.5	模型 6.6
P_{it-1}	0.0046 ** (0.0001)	0.0046 ** (0.0003)	0.0047 ** (0.0005)	0.0044 *** (0.0009)	0.0048 *** (0.0012)	0.0037 *** (0.0001)
VS	− 0.0814 ** (0.0000)	− 0.0674 ** (0.0057)	− 0.0322 ** (0.0043)	− 0.0476 * (0.0024)	− 0.0573 ** (0.0017)	− 0.00542 *** (0.0032)
HR		0.00034 ** (0.0027)	0.00032 ** (0.0037)	0.00024 *** (0.00096)	0.00017 *** (0.0034)	0.00084 *** (0.0002)
R&D			0.00034 *** (0.0034)	0.00032 ** (0.0274)	0.00027 ** (0.0037)	0.00081 ** (0.0028)
GOV				0.0377 ** (0.0347)	0.00318 *** (0.0456)	0.00309 *** (0.0286)
FDI					0.000096 ** (0.0027)	0.000027 ** (0.0034)
IPS						− 0.00098 *** (0.0288)
行业效应	控制	控制	控制	控制	控制	控制
时间效应	控制	控制	控制	控制	控制	控制
AR(1)p 值	0.0000	0.000	0.00	0.00	0.00	0.00
AR(2)p 值	0.18	0.18	0.17	0.19	0.21	0.20
Sargan 检验 p 值	0.37	0.38	0.33	0.39	0.39	0.37

注：（）内的值为 p 值；**、*** 分别代表满足 5%、1% 的显著水平，2SLS 使用的工具变量为 DVA 的滞后一期，系统 GMM 使用的工具变量为 DVA 的滞后一期。

从回归结果来看：（1）政府补贴、外商直接投资、人力资本、研发投入等与企业全球价值链位置提高呈显著正相关关系，其中，政府补贴（GOV）系数最大，人力资本（HR）次之，再次分别是研发投入和外商直接投资。FDI 系数较小，反映外商直接投资对企业全球价值链位置变动影响作用不大，这与外商投资反映在每个企业中的量较小有关。（2）VS、

IPS 与企业全球价值链位置提高呈显著负相关关系，*VS* 系数绝对值较大，反映随着全球价值链后向垂直专业化程度的降低，企业全球价值链位置也会随之提高；*IPS* 系数绝对值较小，但高于 GVC 地位回归结果中的绝对值，说明生产性服务业发展对推动企业全球价值链位置提高的作用更为明显。

总体来说，各变量对企业全球价值链位置的影响方向与对制造业全球价值链地位影响的方向基本一致，但是影响的程度略有差别。

6.4

本章小结

对企业在价值链中所处位置及其变化规律的分析和研究是为了更好地认识中国产业在国际上的分工和角色变化，同时，更好地实现产业的转型升级和竞争力提升。本章数据主要来源于中国海关数据库、中国工业企业数据库、WIOD 数据库等，在借助这些数据的基础上，从微观角度对中国企业在进口、出口两方面进行分析，探索其所处全球价值链的位置和具体变化规律及其背后的影响因素。本章选取的数据来自 2000～2007 年的样本数据，用数值分别对进口企业和出口企业在产业链中的位置进行精确描述，从平均数值来看，每个企业的位置变化与其所在行业的位置变化呈现同样的趋势；从方差来看，尽管处于同一行业，不同企业所处的具体位置是具有一定差异的，这种差异产生的原因在于一些企业的进出口贸易包含多种产品。中国从事出口贸易的企业在国际产业链的位置在 2000 年为 2.509，到 2007 年则为 2.771，上涨幅度超过 10%；进口企业的位置上升幅度更大，2000 年仅为 2.793，2007 年则增加到 3.215，增幅超过 15%。整体而言，进口企业的位置指数较出口企业位置指数增长态势明显。

从不同所有制形式的企业在国际产业链中位置的变化情况看，与 2000 年相比，2007 年国有、集体、私营、外资四种企业在价值链上的位置均有增长，出口增长幅度分别为 13.8%、14.1%、11.5%、8%，进口增长幅度分别为 22%、6.6%、1.6%、6.6%，从增长幅度分析，国有企业和集体企业对中国出口位置提升的拉动力比较大，而进口位置的提升则主要归功于国有企业。

从 2000～2007 年，不同的贸易模式在全球产业链中的位置均有所上升，但幅度有所差异，在 2000～2004 年，上升趋势较为微弱，有的企业位置指数有所下降，分析其可能的原因，2004 年，中国的供应链位置有所下滑，2005 年后（含 2005 年），进口高新技术产品和原材料在中国进口产品中占据更为重要的地位，所以，中国的进口产业链位置发生较大幅度上升。总体而言，导致 2000～2007 年中国产业链位置变化的最主要动力在于一般型贸易企业，同时，另外两种贸易方式（加工型和混合型贸易）也有较大幅度的提升，且具有较大的提升空间。

从相关变量对企业全球价值链位置影响情况来看，对企业全球价值链位置的影响方向与对制造业全球价值链地位影响的方向基本一致，但是影响的程度略有差别。其中，后向垂直专业化程度最高、政府补贴次之，而外商直接投资影响最小。

受数据获取难度的限制，本章仅对 2000～2007 年的数据进行取样和分析，与当前的实际情况相比，虽然中国无论是在产业结构方面，还是在外贸的发展趋势方面都发生了很大的变化，但是，一些基本面没有发生变化，例如，中国参与国际价值链的方式仍然以加工贸易为主，与发达国家相比，中国仍然处于产业链的中低端。[①] 基于此，本章的研究仍然具有较好的实际意义。近年来，中国与其他国家的贸易范围和贸易规模

---

① 唐宜红，张鹏杨. 中国企业嵌入全球生产链的位置及变动机制研究 [J]. 管理世界，2018（5）：28－46.

不断扩大，企业的生产效率逐步提高，这些都推动了中国在全球产业链上位置的提升，进而直接推动企业价值和竞争力的提升。同时，也应注意到，加工贸易的迅速扩大、外商投资的快速增加对中国企业在产业链中位置的提升产生了较大的抑制作用。因此，一方面，应该致力于企业研发能力的提升和加工贸易的转型升级，持续提升企业在全球价值链上的位置；另一方面，应该采取一定措施对外资流向进行引导，将其从"加工模式"引向"研发模式"。

第 **7** 章

中国制造业参与全球价值链
分工的风险与重构
——基于中美贸易摩擦分析

华为公司作为中国较为先进的制造业企业代表，其嵌入全球价值链的案例，是中国企业突破低端锁定困境、实现从全球价值链的低端节点向高端节点不断攀升的具体体现。华为在嵌入全球价值链的高端生产环节后积极参与全球价值链分工体系的治理，也是其进一步实施产业转型升级、参与全球价值分工的关键。这与前文研究中认为中国制造业在全球价值链中的分工程度和地位有一定程度的改进和提升，已经占据越来越重要的地位的结论一致。从中国高端制造业发展来看，着力推动中国高端制造业发展的"863计划"和"火炬计划"实施至今已有30余年，有力地促进了高端制造业的企业规模、从业人员数量及当年价总产值等均有显著增长，出口额已稳居世界第一，并且涌现了诸如华为等一批在全球价值链上不断攀升的先进跨国企业。但是，全球制造业正处于转型升级并进行国际地位和全球化新型秩序重构的关键阶段，高端制造业回流发达国家，一般制造业外流东南亚低成本发展中国家，制造业结构变化冲击中国产业发展，也成为各方关注的焦点。尤其是以"中兴被制裁事件"为开端的中美贸易摩擦，为中国制造业企业继续实现全球价值链攀升造成了较大影响，提示了中国制造业参与全球价值链分工的风险。

7.1

实践和路径分析
——以华为为例

7.1.1　嵌入 GVC 初期

　　华为早期只是一个代理公司，没有自己的技术，更不用说自己的产品和品牌。华为意识到自己必须转变，所以从1996年开始，逐渐拓展业务范围，实施全球化战略，但是经过5年的发展，华为的业务范围也只是扩大到了俄罗斯、埃及、阿联酋、巴西等新兴市场国家，在全球市场份额中占比较小，尤其是欧美市场，在国际电信巨头垄断下，华为根本无法插足。根本原因还是在于核心技术缺乏，只能依靠压低价格来换得相应的市场份额，与对手抗衡。为了不断提高在技术领域的话语权，与国际市场对接，一方面，华为积极争取专利授权，与国际市场主导企业签订 CDMA 及相关专利授权协议，其中有高通、爱立信、诺基亚和诺西等，与这些企业的合作，撬开了美国政府设置的重重封锁，华为逐渐加入国际市场，在全球价值链中渐渐站稳脚跟。另一方面，华为引入 IBM 系统改造工艺流程，以国家标准进行集成供应链管理和集成产品开发，成立供应链管理部，在生产制造、采购、客户服务和全球物流方面进一步获得国际市场的认可。

7.1.2　嵌入 GVC 发展期

在发展初期，华为就认识到研发在企业发展中的重大作用，1993 年起，华为每年将销售额 1/10 以上的资金用于新产品和新技术的研发，在全球价值链中获得立足之地后，华为的这项决策正面效应更加明显，不断创新的技术和持续上市的新产品为华为带来了更大的利润，这些利润又不断反哺到研发项目中，形成了华为不断壮大的力量之源。如果说早期华为的万门交换机只是模仿创新，那么研究出中国完全拥有自主知识产权的全套 GSM 设备，华为已经具备完全的自主创新能力。而今，在全球 5G 生态圈中，华为带头发布了白皮书，已经处于引领地位，如果没有华为，欧盟 5G 项目、英国 5G 创新中心等欧美市场的 5G 项目也许还处在萌芽阶段。华为的市场份额早已覆盖全世界 80 多个国家和地区的 200 多个城市，服务人口达 8 亿多人。

7.1.3　嵌入 GVC 成熟期

华为在手机制造领域的发展也是一个由低端发展到高端的过程。

2003 年，华为开始涉足手机 ODM 业务，起初，华为没有手机牌照，只能生产运营商定制手机，处于产业链的低端。但是，智能手机市场的火爆，苹果公司的成功，让华为意识到这是一个重大发展机遇，此时的华为具备大规模生产能力，在手机生产成本上比苹果公司更有优势。于是，华为寻找手机市场定位，通过加大手机安卓系统研发不断提高手机性能和性价比，通过在欧美等地成立设计工作室，招募瑞典等国顶级设计大师，优化手机外观，最终华为以高性价比在市场上占据一席之地。2019 年，华为手机发货量超 2.4 亿台，出货量超越苹果手机，位居全球第二。华为研发了系列智能产品，MateBook、智能手表获得了消费者的广泛认可。为了在各个领域进行产品功能升级和链条升级，华为推出面向规模商用的全套 5G 网络设备解决方案，支持全球运营商部署 5G 网络，推出支持 5G 的麒麟芯片，华为的 5G 时间表不断向前推进。

7.1.4 嵌入 GVC 飞跃期

华为在信息与通信技术方面不断进行深度创新，从通信设备行业标准方面进行，以制定标准为着力点，不断延伸服务，从生产厂商变为信息与通信技术解决方案提供商。华为通过自主创新，从交换机代理公司成为交换机产品生产公司，占领了部分交换机等通信产品市场份额，实现了公司的一大飞跃。在 10% 销售额的研发投入战略支持下，华为在技术和产品的研发投入越来越大，研发领域也在不断扩展，新技术新产品不断涌现，技术专利也在不断增多。华为以国际行业标准进行技术专利申请，也积极加入标准化组织，华为技术以过硬标准获得国际行业组织认可。华为在全球化过程中，为了减少准入限制，突破市场垄断和技术封锁，采取合资合营、技术转让等方式，快速融入国际市场，通过学习借鉴先进技术，华为进一步提升技术优势，市场份额不断扩张。华为产品的市场规模不断扩大，也让华为在相关产品和领域获得了更多的话语权。在国际化过程中，华为的市场竞争能力不断增强，经济实力更加壮大，华为制造突破 GVC 低端锁定，企业创新能力实现全球领先，逐渐获得了国际市场竞争力和垄断地位，华为从通信设备制造商成为全球领先的信息与通信技术（ICT）解决方案供应商。

7.2

全球价值链竞争升级导致的中美贸易摩擦

美国作为全球价值链中最大的发达国家，中国作为最大的发展中国家，是全球价值链体系中最重要的两个主体。根据《2018 年国民经济和社会发展统计公报》，2018 年中国 GDP 规模达 90 万亿元，相当于 13.6 万亿美元，中国 GDP 约相当于美国的 66%，中美差距正在快速缩小。中国和美国占全球 GDP 比重分别为 16.1% 和 24.2%，第三大经济体日本占全球 GDP 比重仅 5.9%，中美主导全球经济。

虽然两国均在全球 GDP 所占比重最高，在国际分工中获得了巨大收益，但中美两国处在全球价值链链条的不同位置，美国处在全球价值链的高端环节，主要集中在产品设计、质量标准制定等环节；中国作为发展中国家，处在价值链的低端环节，主要是生产、加工、装配等低附加值制造环节。在价值链分工体系下，美国因处在核心技术高端环节，中国处在低附加值的加工环节，获得的利润远低于美国。

由于美国遭受了 2008 年的金融危机，制造业大量外包对美国经济造成了冲击，制造业和实体经济逐渐衰弱，美国希望中高技术制造业能够回流。而中国正处于改革开放的红利时期，一方面加快研发具有自主知识产权的核心技术，比如华为公司；另一方面提高营销和服务能力，提高产品附加值，使得中国制造业在全球价值链中的位置逐渐提高，中美之间的差距逐渐缩小，中美企业之间的竞争开始增多，美国对华贸易摩擦数量也逐渐增加。

因此，美国出于战略目的，采取遏制中国的一系列措施。2018 年 3 月美国引发的贸易摩擦，是自 1979 年中美建交以来在经贸史上最激烈、最综合的一次，给中国产业尤其是制造业参与全球价值链分工带来了一定的风险和不确定性。

7.2.1　全球价值链分工导致的贸易失衡

如图 7 - 1 所示，自从中国加入世贸组织后，中美双方贸易逆差一直持续增加。2009 年稍微有所下降，原因可能是 2008 年金融危机，对美出口金额有所下降，导致 2009 年出现一个小的拐点，但整体上，中美贸易逆差是一直持续增加的。两国双边贸易额由 2000 年的 629 亿美元增加到 2018 年 6335 亿美元，增加了近 10 倍，数据说明，中美之间已经成为最重要的贸易伙伴。美国对华贸易逆差额由 2000 年的 383 亿美元扩大到 2018 年的 3233 亿美元，扩大了近 10 倍，美国对华贸易逆差在持续扩大。[①]

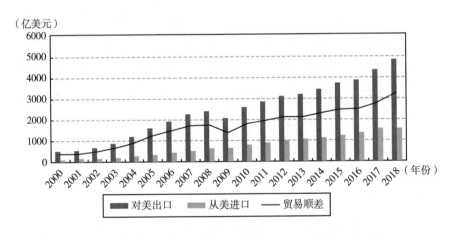

图 7 - 1　2000 ~ 2018 年中美双边贸易流量
资料来源：根据中国海关统计数据整理所得。

特朗普政府认为贸易逆差会导致美国利益受损，把美国贸易逆差问

---

① 根据中国海关总署的统计数据所得。

题归结为中国政府的问题，认为中国政府对本国企业采取出口退税补贴，对外国企业收取高额关税，导致美国在双边贸易中处于不公平的地位。事实上，中美贸易逆差受益的是美国，美国由于处于全球价值链的顶端，出口大于进口，而且出口的都是高端科技和核心零部件，利润较多；而中国在全球价值链中，只是通过加工中间产品，出口成品，收取的只是加工费，获利较少，虽然对美国形成了贸易顺差，但是并不能改变价值链中低端的地位。更加直观的是，美国贸易逆差问题已有四五十年之久，中美贸易失衡只是因为中国在近二十年来参与全球价值链分工的结果，长期以来，不管中国是否参与，获益最多的仍然是美国。由此可见，贸易失衡仅是中美贸易摩擦的直接诱因，而非根源。

7.2.2　全球价值链分工导致的竞争升级

此次贸易摩擦表面上是美国政府要改变贸易逆差的现状，从而对中国产品加征关税。事实上是因为美国想要维持其在全球的霸权地位，遏制中国在全球价值链中不断攀升的地位，将中国这个威胁先扼杀在摇篮里。要想达到这个目标，就要对中国高速发展的制造业进行打压。改革开放以来，中国制造一直在转型升级，向中国创造迈进，高铁已经成为中国制造的名片，正在向全世界进行技术输出，其他技术密集型产业比如医疗机械、生物医药、新材料，以及信息技术和航天设备等，技术质量也在不断提升，这些成果可以从全球投入产出表统计数据进行分析得出，数据显示，中国在制造业上总增加值已经达到全球制造业增加值的1/4，达到约3万亿美元，超过美国。具体来说，中国在计算机及电子、电力设备以及汽车等技术密集型制造部门的增加值占全球的比重从2000年的5%达到30%。制造业结构越来越向高附加值转变，中国也逐渐从加工商地位向上游生产商地位转变，对美国在全球价值链中的主导地位造成了威胁，美国不甘心失去其霸权地位，必然要采取各种手段对中国进行打压，经济方面首当其冲，中美之间爆发贸易摩擦只是必然结果。

7.2.3 全球价值链分工导致的利益冲突

美国有强大的技术实力，而且知识产品处于垄断地位，因此才能实行霸权主义。例如，在中美贸易谈判中，美国强制要求中国增加从美进口，并开放金融服务市场、农产品市场，取消政府补贴，消除各类壁垒，意图维护其游戏规则制定者的地位。2018年美国对中国中兴、华为两家高科技企业实施制裁，遏制中国在5G技术领域的发展，对两家企业造成了很大的阻碍。中国一直努力追求产业转型升级，在国家发展战略中，中国制定了要在2049年在全球市场中占主导地位的目标，重点放在高端制造、创新和科技领域。在制造业发展规划中，"中国制造2025"是中国向制造强国迈进的宣言书。美国认为中国的强国战略极大地威胁到了美国在全球经济、科技领域的霸主地位，于是通过贸易摩擦不断打压中国。因此，中美贸易失衡以及全球价值链发展趋向向中国倾斜是引起中美贸易摩擦的直接原因。

7.3
参与全球价值链地位提升的困境

当全球价值链正在经历结构性重塑的时候，中美两国在贸易上出现了摩擦。近年来，中国制造业在全球价值链中的地位不断提升，其中，以华为和中兴为典型代表，这些企业的竞争优势日益增强，话语权逐渐增加。此时，美国发动了对中兴的制裁行动，大大干扰了中国对于芯片的进口，进而对以芯片为原配件的制造业产生重大冲击。

美国制裁中兴的当天，中兴公司股价被迫做停牌处理，复牌后，股价即进入持续下跌阶段；为此，中兴公司对每股收益作出调整，以维持"增持"评级，具体如表7-1所示。

表7-1　　　"中兴被制裁事件"后中兴对每股收益的调整

主要指标	2016 年	2017 年	2018 年
每股收益（元）	1.03	1.25	1.36
下调比例（%）	-6	—	-10

资料来源：根据中兴公司2016年、2017年和2018年财报整理。

通过上文分析可以看出，中国制造业产业参与全球价值链分工主要依靠的是低成本策略，对全球工业化进程的推动起到了一定的积极作用。但是，由于中国参与的制造环节较多，而在创新研发、产品设计、知识产权等方面参与较少，因此只停留在"微笑曲线"中游，也就只能处在全球价值链的中低端，即劣势地位。在对全球价值链的参与过程中，中国企业积极寻求同发达国家企业的贸易往来，通过进口其核心器件，对其蕴含的技术进行学习和吸收，从而达到提升本国产品技术水平的目的。当中兴公司面对美国的制裁措施时，核心器件（芯片）的进口受到严格限制，中兴的产品因为缺乏芯片而无法生产，同时，对高科技期间的学习和研发也受到遏制，步入价值链高端的道路遇到阻碍。为了应对贸易摩擦、制裁带来的负面影响，中国企业必须进一步加强自主创新和研发，并加强产品市场营销。下面，我们将针对中国制造业升级的困境进行详细分析。

7.3.1　在国际分工中依然处于劣势

在改革开放的推动下，中国借助低成本战略跻身国际分工，在全球价值链中占据一席之地。以这种方式进入国际分工的中国制造业不具备强劲的竞争力，与发达国家相比，处于弱势地位。首先，发达国家的企业牢牢掌握了国际分工的话语权和决定权，他们占据了产品研发、设计、品牌营销等几乎所有附加值高的环节，而仅将附加值低的制造、组装、包装等环节留给中国，这些环节既没有太高的技术含量，也没有客观的利润空间。其次，中国生产的产品中部分表现为"高技术低利润"，即一些产品自身属于高技术产品，但是作为制造商的中国企业只能从事低技术含量的环节，没法获取其中的高额利润。例如，中国为苹果公司生产产品，其中 iPad 利润大约为 150 美元，是销售价格的三成左右，而中国企业能分到的非常少，其中，工资只占 1.6%，大约 8 美元。与此同时，作为主要零部件供应商的韩国企业则可以得到大约 34 美元的利润，虽然远远低于苹果公司的利润，却大大高于中国企业的利润。

7.3.2 关键核心技术依然偏少

在经济全球化和国际竞争的推动下，中国越来越重视科技研发，一大批高新技术产业如雨后春笋，迅速发展壮大，同时，用于科技研发的投入也在快速增加，R&D 内部经费支出、R&D 人员数、R&D 企业数、新产品开发项目数、新产品开发经费支出等指标均呈现明显上升趋势，企业创新能力随之不断增强。在产品技术含量不断提升、创新能力不断增强的背景下，中国企业在全球价值链中的位置有所提升，在国际分工中的角色有所变化，但是，总体上，始终位于价值链的较低端，且受发达国家限制，很难有根本性改变。中美贸易摩擦进一步切断了中国的技术产品来源，阻碍了中国自身的技术进步，从而抑制了中国产品价值的提升，将中国企业更加牢固地封锁在全球价值链低端，大大增加了中国长期被锁在低端的风险。与发达国家相比，中国的主要短板在于核心技术。在中兴公司被制裁，继而产业大受影响之后，外国媒体将中国的整机产业形容为"皇帝的新衣"，这深刻揭示了中国制造业的内在缺陷。

7.3.3　高水平的基础制造能力仍较为薄弱

2018 年，工信部针对关键性基础材料的来源进行调查研究，以 30 余家规模较大的企业为样本来源，分析了 130 多种关键性基础材料的来源，研究结果表明，大约 32% 的关键材料在国内即无生产也无进口，大约 52% 的关键材料国内无法生产、完全依靠从国外进口，其中，大约 95% 的高端芯片、70% 的智能终端处理器、几乎 100% 的存储芯片都来自进口。大约 32% 的关键材料在国内即无生产也无进口。从装备制造业来看，众多产业的关键部件都依靠进口，例如，大飞机、高档装备仪器、高档数控机床、运载火箭等，这些产品的 95% 器件都来自国外。显而易见的是，当一个国家的关键性零部件、材料、工艺都依靠进口，而不具有独立的研发和生产能力，就很容易受别的国家控制，无法保证生产安全，中兴公司被制裁所产生的后果就生动说明了这一点。在被制裁之前，仅 2017 年，中兴就向美国 211 家企业采购零部件，总额达到 23 亿美元，占到了当年营业收入的 15%。因此，当美国实施制裁行动后，中兴遭受了巨大的且无法挽回的损失，以至于美国的制裁有所缓解的时候，中兴公司所受的重创依然难以缓和。

7.4
对全球价值链重构的展望

7.4.1　产生贸易、投资和产业转移效应

双边贸易额的下跌是贸易摩擦的直接后果，当进口关税价格被提升，对应商品将由于价格的增长而导致竞争力的下降，被加征关税的国家在

商品出口规模上将会缩小，其他国家因此而得到相对价格优势，此时，存在贸易摩擦的双方就会选择从其他第三方国家进口相应商品，尽管价格高于之前从对方进口商品的价格。因此，贸易摩擦导致了双方贸易成本的上升，引发贸易转移，美国原本以最低价格从中国进口的商品，却被迫以相对较高的价格从其他国家进口，同样，中国不得不用巴西、日本、德国等国家的商品替代从美国进口的商品。然而，当其他国家没有相对低价格的对应产品时，贸易转移策略就不奏效了，这时候，就不得不以高价从对方国家进口商品，当然，因贸易摩擦而加征的关税最终由消费者来承担。随着经济全球化格局的不断演变，当前，全球供应链成为国际分工的主导组织方式，尤其是制造业，对供应链的依赖程度极高，当美国主动发起对中国的贸易挑衅后，受损失的不可能单单是中国，供应链的破裂带来的是中美两国，甚至供应链涉及的更多国家的损失。近年来，中国的劳动力、土地等要素成本在不断上涨，资源紧缺性增加、环境保护压力增大，低成本、低技术产业等发展空间越来越小，低端制造业呈现向其他国家转移的趋势。在此背景下，中美贸易摩擦使这些问题更加凸显，一些低端制造业开始被市场淘汰，一些技术水平较低甚至没有技术水平的工人失去工作的风险大大增加。好的一方面是，中国处于全球价值链重要位置的事实短期内不会改变，供应链的构建需要一定的时间和投入，而东南亚国家在管理水平、政策环境、产品控制等方面，与中国相比还有较大差距，短时间内较难弥补，因此，大部分公司不会立即撤出中国。但是，从长远来看，跨国公司撤出的风险性还是较大的，他们将考虑供应链的安全性，通过整体搬迁或者部分搬迁，促进供应链多点分布，从而降低因对一个国家过度依赖而造成的安全风险。产业转移带动的是资本的转移、投资的转移，跨国公司出于规避风险的考虑，倾向于将公司迁回本国或者迁到与本国有自由贸易协定的国家，从而大大降低贸易制裁带来的损失，同样，国内以出口为主要业务的国家，也会受关税等方面的压力采取类似的做法，即把公司迁到与贸易伙伴国有贸易协定的国家。倘若中美之间的贸易摩擦进一步升级，其对贸易、投资以及产业转移的推动作用将进一步凸显，起到"催化剂"的作用，促进全球价值链的被动性重构，这无疑会给全球经济造成重大负面影响。

7.4.2 对中国现有的 GVC 嵌入模式产生影响

随着中美贸易摩擦的加剧及中国国内产业向东南亚国家的转移，中国参与全球价值链网络的程度受到压制，分工收到压缩，无论是产业集聚度，还是产业规模都出现下降趋势，有些产业甚至被迫解体。有学者研究证明（王孝松，2017），伙伴国一旦针对中国实施反倾销措施，中国产业对全球产业链的参与度都会受到负面影响，即便最终没有采取制裁措施，也会大大降低中国产品的出口额和出口利润，从而影响中国商品在国际上的信誉度和地位。美国感受到中国在全球价值链中的威胁，试图通过贸易制裁，即关税、出口管制等一系列措施，将中国从价值链和国际分工中剥离出去。这些措施在一定程度上阻碍了中国的技术引进和技术进步，尤其表现在高度依赖进口的一些关键性技术和高端设备领域，这对中国在全球价值链中地位的提升具有严重负面影响。

7.4.3 改变产业国际分工格局，产生新的价值链

中美贸易争端发生后，全球价值链的格局发生了根本性变化，由中美两国的直接分工转变为间接分工。贸易摩擦导致了价值链的断裂，贸易转移成为重新链接价值链的方式，在此过程中，东南亚和非洲是最重要的参与者也是最大的受益者。中美贸易战带来的另一个重要后果就是全球分工的"北—北"模式回归和"南—南"模式加速。从自身利益出发，欧美等发达国家采用 GVC 高端水平型自由贸易协定战略，而中国迫于无奈，只能采取 GVC 垂直向下型自由贸易协定战略，两种战略协定等

目标是一致的,即零关税、领补贴、零壁垒。欧盟、美国、日本 2018 年签订了"零关税"贸易协定,这个协定没有中国的参与,但是,中国与东盟成员国及其他几个国家于 2018 年也实现了"零关税"。

7.5
本章小结

华为是中国制造业实现全球价值链攀升的成功实践,从嵌入全球链的初期、发展期、成熟期到飞跃期,华为公司在工艺流程、产品、功能和链条方面不断升级,最终跨越成为全球领先的信息技术解决方案供应商,为中国企业攀升全球价值链提供了有益的借鉴。华为等中国企业的成功崛起,以及全球价值链的升级,使中美贸易摩擦不断升级。中国制造业参与全球价值链地位提升面临关键核心技术较少、基础制造能力薄弱等困境,在中美贸易摩擦的背景下,全球价值链的重构成为我们需要考虑的问题。

第 **8** 章

结论及展望

8.1

主要研究结论

改革开放 40 多年来，中国经济发展取得了举世瞩目的成就，尤其是在年均 9.6% 的高速增长中，工业增加值贡献了 10.9%，"制造大国"成为中国经济发展的重要标签。中国制造业凭借着自身的优势，已经达到年增加值 35909.8 亿美元（2017 年），占全球比重 27%。但中国制造业参与全球价值链分工中依然存在依赖人口、资源优势等逐渐消减，发展不平衡不充分问题突出等情况。因此，本书为解决这些问题，着力对中国制造业在全球价值链分工的地位和动态变化情况进行研究和分析，融合内生经济增长理论、全球分工理论、产业升级理论，结合 2000～2014 年 WIOD 数据库数据和 WWZ 分解模型分析了中国制造业参与全球价值链分工模式和地位及影响因素，并深入企业异质性视角进行研究。本书的研究对进一步丰富和完善全球价值链理论具有十分重要意义，对中国制造业发展如何寻求突破、如何在全球价值链分工中占有越来越重要的地位、如何迈向高质量发展新阶段等方面提供了参考和借鉴，期待能够为落实党的十九大提出的"两个加快"即"加快建设制造强国"和"加快发展先进制造业"贡献绵薄之力。

本书通过对中国制造业参与全球价值链分工地位动态变化的研究，并分析其影响因素，希望能够就中国制造业如何进一步转型升级提出相应的思考和建议。本书的主要研究结论如下。

第一，本书利用 WIOD 数据库和 WWZ 模型，测算中国制造业在全球价值链的地位和动态变化。本章围绕中国制造业出口贸易增加值分解、参与全球价值链分工程度和全球价值链地位，就中国制造业全球价值链、与其他国家的国际比较和三类技术水平制造业进行了详细具体的分析和比较。整体来看：一是在中国制造业参与 GVC 分工程度和地位方面，中国制造业前向垂直专业化程度（*VS*1）显著低于同期的后向垂直专业化程度（*VS*），表明制造业主要是以后向参与方式融入 GVC 分工体系之中。总体来说，中国制造业 *VS*1 呈现显著的上升趋势，表明制造业参与 GVC 分工程度均在逐渐加深；*VS* 呈现先上升后下降的趋势，表明制造业 GVC 受到了破坏和割裂。从地位指数来看，2000～2014 年中国制造业在 GVC 中的地位指数始终为负，并且 GVC 地位呈现先下降后上升的趋势，2008 年以后中国制造业 GVC 有逐步向中上游攀升的态势。二是立足于国际比较方面，中国 GVC 地位指数上升趋势明显，在 2014 年已经超越了日本，仅次于美国，高于大部分的 G6 国家。美国一直保持较为稳定的 GVC 地位指数，但也不算下降，从 2000 年的 0.033 下降到 2014 年的 0.006，G6 国家整体呈现下降趋势，这与近年来新兴经济体崛起和美国制造业服务化、服务业等产业发展较快有关。新兴经济体整体处于上升趋势或平稳趋势，中国依然低于巴西，高于俄罗斯和韩国，韩国处于最低位置。巴西一直处于较高位置，在 0.03 左右波动，巴西拥有着某些自然资源的比较优势，这也是其处于高位的原因所在。韩国处于最低，这与韩国出口总量较小相关。三是高技术水平制造业和低技术水平制造业后向垂直专业化程度（*VS*）均显著高于同期的前向垂直专业化程度（*VS*1），表明高技术水平制造业和低技术水平制造业主要是以前后参与方式融入 GVC 分工体系之中。而中技术水平制造业前向垂直专业化程度（*VS*1）均显著高于同期的后向垂直专业化程度（*VS*），即主要是通过向其他经济体提供服务参与 GVC 分工。目前低技术水平制造业更高，反映出中国低技术水平制造业在全球价值链地位更重要，中技术水平制造业已经实现了全球价值链地位的攀升，在全球价值链的分工中表现优于低技术水平制造业，但是高技术水平制造业依然处于劣势，还有待进一步改进提升，是中国未来发展的重点。

第二，从中国制造业参与全球价值链分工的地位升级机制来看：其一，地位升级具体是指中国制造业通过产业结构的不断优化、新技术的引进和研发及管理的不断创新等手段逐步进入增加值更高的领域。其二，当前中国制造业所处层级为价值链分工的中等位置，从过去的劳动密集型产业逐步转向对发达国家技术含量较高的、资本和技术密集型制造业的承接。一方面加大外商投资引进力度、大量引进先进设备；另一方面实施"走出去"战略，到国外开展投资、收购、先进设备引进等活动，从而打造品牌优势、畅通销售渠道，更好融入全球价值链，稳步进入中等增加值环节。其三，就影响因素来说，一国的技术进步、人力资本和物质资本的积累，以及承接生产转移等都有助于提高一国的国际分工地位，而非技术劳动力对国际分工地位的作用具有不确定性。其四，中国制造业属于资本和技术密集型产业，参与全球价值链分工是生产者驱动型价值链。其五，制造业全球价值链升级的动力作用存在"喷泉"机制，制造业全球价值链对要素结构等匹配度具有较高要求，只有按照生产所需的要素结构实现匹配，才能融入相应价值链环节，生产成本的增加、国内消费的升级会促使低层级生产要素流向其他国家。

第三，影响中国制造业参与全球价值链分工地位的实证分析来看：后向垂直专业化程度对全球价值链影响最大，但系数显著为负，说明随着全球价值链后向垂直专业化程度的降低，制造业全球价值链分工地位攀升增幅越大，也反映出只有中国制造业出口对其他经济体出口的依赖不断降低，才能实现全球价值链地位的攀升。政府补贴、外商直接投资、人力资本、研发投入等与价值链地位攀升呈显著正相关关系，其中政府补贴系数最小，反映政府补贴虽然能够正向影响行业价值链地位，但促进作用较小。生产性服务业发展水平系数值为负，与价值链地位攀升呈显著负相关关系，说明生产性服务业发展对推动制造业全球价值链升级的作用不大，一定程度还限制了制造业的升级。从三种技术水平行业来看，垂直专业化程度中，低技术水平制造业回归系数为 -0.012、中技术水平制造业回归系数为 -0.0102，高技术水平制造业的回归系数为

−0.015，反映出中技术水平制造业的垂直专业化程度对全球价值链地位的影响要高于低技术水平制造业和高技术水平制造业。高技术水平制造业的人力资本和外商直接投资也显著低于其他两类技术水平的行业，说明目前不能依赖高技术水平制造业对全球价值链地位的贡献中的人力资本和外商直接投资部分。并且，高技术水平制造业的生产性服务业 IPS 值也显著低于其他两类技术水平行业，说明目前中国国内与高技术水平融合的市场渠道、品牌销售等生产性服务要素偏低、偏少，这些都大量被发达国家的外商投资企业所控制，导致了中国为制造业配套的生产性服务业也陷入"品牌销售渠道被锁定"的困境。

第四，异质性视角下制造业企业在全球价值链位置的分析来看，2000~2007 年，中国出口企业参与全球价值链位置从 2000 年的 2.509 上升到 2007 年的 2.771，增长了 10.44%；而同时进口企业参与全球价值链位置从 2000 年的 2.793 上升到 2007 年的 3.215，增长了 15.1%。整体来说，进口企业的价值链位置变动浮动要高于出口企业价值链的位置上升幅度。从所有制角度来看，2000~2007 年，拉动中国出口价值链位置提升的动力主要来自国有企业和集体企业，而进口价值链位置提升的动力则主要是国有企业。从贸易方式来看，2000~2007 年，中国进出口全球价值链位置上升的主要动力仍是一般贸易企业，但加工贸易企业和混合贸易企业上升幅度较大，有较好的发展空间。

第五，基于中美贸易摩擦分析中国制造业参与全球价值链分工的风险与重构。首先，本书以华为为例展示了中国制造业实现全球价值链攀升的实践和路径，再分析了全球价值链竞争升级导致的中美贸易摩擦。从 GDP 在全球的占比来看，美国和中国分别是 16.1% 和 24.2%，显然，中国和美国都通过全球价值链分工获取了数量巨大多收益，但不同的是，二者在机制链上的位置大不相同。2008 年发生的金融危机使国际价值链分工模式面临新的问题与挑战，中国制造业的位置出现攀升趋势，感受到威胁的美国开始采取一系列针对性措施，两国摩擦增多，尽管如此，两国所处价值链的位置差距仍在逐渐缩小，导致美方出于战略目的而对中国采取遏制措施。具体体现在：全球价值链分工导致贸易失衡、竞争升级、利益冲突等。再次，本书分析了中国制造业参与全球价值链地位升级的困境：在国际分工中依然处于劣势、关键核心技术依然偏少、高水平的基础制造能力仍较为薄弱。最后，结合相关分析展望了中美贸易摩擦对全球价值链重构：产生贸易、投资和产业转移效应，对中国现有的 GVC 嵌入模式产生影响，改变产业国际分工格局产生新的价值链。

8.2

相关政策建议

8.2.1　要坚持推动制造业迈向中高端的政策导向

1. 优化战略部署

在全球价值链变化发展的过程中，中国应该在产业转型和结构调整上发力，同时，不断扩大内需，从而抵御外部环境变化的风险。当下，技术制造业对国家价值链的依赖性比较强，只有不断加大国家价值链的构建力度，强化协同创新、分工合作，并激发市场需求，才能不断提升国家价值链价值（刘巍等，2019）。

一是加快供给侧结构性改革步伐。当前，经济全球化面临新形势，新一轮科技革命和产业变革方兴未艾，国际分工体系加速演变，全球价值链深度重构。我们必须紧紧抓住这一历史机遇，以供给侧结构性改革锻造新时代中国国际竞争新优势，推动形成全面开放新格局。结构性问题是现阶段中国经济发展的主要矛盾，也是制约全球经济增长动力释放的主要因素。要进行供给侧结构性改革，就要在解放和发展生产力上着重发力，要对大量无效的、低端的供给进行改革和调整，响应增加和强化有效的、高端的供给，让供给能够更迅速、更有效、更灵活地满足需求，从而提高全要素生产率（刘兆国，2019）。从产业层面来看，中国面临价值链"高端封锁"和"低端锁定"的双重挑战，中国必须积极应对挑战，将产业、贸易、投资等领域的结构性调整作为全球产业格局调整的重要内容，主动融入全球价值链重构的进程，以增强发展动能、提高发展效能。而中国加快供给侧结构性改革步伐，就是要着力淘汰低端落后产能，促进制造业向价值链高端迈进，要着力推进钢铁、有色等传统产业中落后产能淘汰和相关企业兼并重组，加快转型升级，提高产业集中度；要突破行业界限，对基础性和民生产业的发展给予政策倾斜，推动制造业做大做强（唐卫红，2019）。

二是着力推进制造业高质量发展。"推动制造业高质量发展"是重点工作之一，2019 年《政府工作报告》明确提出，改造提升传统产业，推进制造业高质量发展，要提升产品和服务品质，让更多国内外用户选择中国制造、中国服务。2008 年金融危机之后，世界主要国家的产业政策都在发生重大转变，欧美等国家开始实施"再工业化"战略，逐步将投资在发展中国家和地区的制造基地撤回本土，高端制造业向发达国家回流，与此同时，印度等发展中国家也通过科技创新不断优化产业结构，力图实现从全球价值链中低端环节向中高端环节的转变；东盟国家则进一步扩大开放，积极承接包括从中国转移出来的产业，加快融入全球价值链加工制造环节。中国提出的制造业高质量发展符合全球价值链向高端环节转变的趋势，因此，必须围绕推动制造业高质量发展，借助"智能＋"赋予制造业更大的发展和转型动能；以针对性强的配套措施，鼓励和推动企业进行技术研发和设备更新，加快固定资产折旧；要强化质量的基础性作用，将产品标准与国际先进标准进行有效对接，提高产品质量和服务品质。

三是坚持建设制造强国。新一轮科技革命和产业变革为全球价值链重构提供了新契机，近年来，在数字化高速发展的时代背景下，一系列以信息技术为基础的产业，如云计算、移动互联网、大数据获得了快速发展，并与垂直产业实现深度融合（倪红福，2016）。德国"工业4.0"战略、美国工业互联网战略与"中国制造2025"类似，都预示着世界经济将迎来一场"新工业革命"，同时也将影响未来全球制造业竞争格局及全球价值链重构的方向。在"新工业革命"的时代背景下，新产业、新技术、新模式将成为推动经济增长的关键要素，而在人才、科技、设计、品牌、营销等方面的优势对产业竞争力的影响也将日益凸显，因此，中国必须抓住历史机遇，对社会资源进行综合利用，强化科学技术研发力度，把人才和其他资源集中到相关行业或领域，对管理和经营模式进行深入创新，推动组织结构进行响应变革，增强现代工业文明的国际竞争力。

2. 区域协调发展

构建区域间垂直专业化分工生产网络体系，有利于消除区域间壁垒，深化国家价值链效应，促进各类制造业相互扶持、共同发展。

一方面，要继续把沿海区域作为对外开放的前沿阵地，通过进一步深化对外开放推动价值链位置的提升。要把沿海城市的先锋作用发挥好，推动沿海企业积极主动参与国际分工，同时，不断提高资源整合能力，突出产业核心竞争力（佟家栋等，2017）。加大力度实施京津冀协同发展、长三角一体化、粤港澳大湾区发展三大战略，加快推动东部沿海城市发展速度，建设贸易、航运、经济等中心，充分释放外溢效应，充分发挥好中心城市的示范和带动作用，使沿海地区与内陆地区协同发展，形成产业互补。同时，沿海地区还应该在新的改革浪潮中促进自我革新，不断提高自身的创新研发能力、进行产业转型升级，在更高的层次上参与国际分工，率先提升在国际产业链中的位置，起到良好的示范作用。

另一方面，要持续扩大内陆的对外开放程度。要推动内陆产业实力的全面提升，打牢外向型经济基础。首先，要对加工型贸易模式进行不断创新，形成产业梯度快速转移，打造融入更多国际分工的新型制造业基地。对欧洲、亚洲中部和东南部的物流资源进行整理利用，在内陆地区建设物流大道。对多种运输方式（铁海、江海、陆地、航空等）进行整理，形成全方位立体交通网络。理顺通关机制，建立内陆与沿海的高效通过合作制度。推动行政体制创新，进一步优化营商环境，使贸易投资更加空松、便捷。扩大对沿边开放水平（唐晓华等，2019）。强化对沿边开放的重大现实意义的认识，打开沿边开放的全新局面。对开放政策进行创新，探索更加有效的贸易合作方式，提升贸易投资水平，大幅度改善贸易现状。培育一大批具有优势的制造基地或产业集聚区，在与本地和周边的深入合作中不断加快转型升级步伐。通过以上措施，中国的发展空间可以得到不断扩展，从而对中国在全球价值链中的位置进行有效提升（邵安菊，2016）。

3. 坚持对外开放

习近平总书记高度重视对外开放，在首届中国国际进口博览会开幕式上，他表示中国将持续扩大对外开放水平。这是中国在新的经济大环境下作出的重要战略部署，体现了对国际形势的正确把握。要真正做到全面对外开放，首先要落实好"沿海＋沿边＋沿江＋沿路"的开放政策，要充分利用"一带一路"的发展便利，积极同沿线各个国家和地区合作，在合作与交流中，不断提升中国的科学技术水平、制造业生产能力，从而不断提高产业国际竞争力。出台必要的措施，扶持制造业企业在"引进来"的同时，大胆"走出去"，充分学习、吸收国际先进经验、高端技术，从而促进自身技术水平的进步，形成核心技术参与国际市场竞争，从而在全球市场中获取更多利益。

第一，要深入落实共建"一带一路"倡议。这一倡议是基于国际形势，为了扩大开放、实现全面合作共赢而提出的，有利于中国全面对外开放格局的形成，同时对全球治理体系的改善、全人类的繁荣发展及人类命运共同体的构建起到了至关重要的作用。经过多年的努力，共建"一带一路"倡议已经打下了良好的基础，基本的格局已经形成，各项政策措施已经落地生根，国家和地区之间的开放合作格局已经形成并逐渐走向深入。在进一步推进"一带一路"建设的同时，要坚持好"稳中求进"的总基调，贯彻好科学发展理念，团结一切可以团结的力量，对资源进行统筹利用，突出重大基建项目和产能合作，将"一带一路"合作不断推向深入。要首先强化与中亚各国的经济合作，通过"点带线、线带面"的方式，逐渐向其他国家和地区推进，最终推动"丝绸之路经济带"的建设和形成，实现30亿人共享共建的发展格局。要注重交通设施建设，打通太平洋与波罗的海之间的交通通道，打造东亚、西亚、中亚、南亚互联的交通大格局；围绕贸易"自由化、便利化"，推进各项措施，促进国家和地区合作的加强，推动共同发展。坚持"共建共享、合作共赢"的原则，加强对话和交流，坚持求同存异，寻求发展的最大公约数，促进国家和地区在政治上的相互信任、经济上的融汇发展、人文上的互相交流，打牢根基，真正让"一带一路"走稳、走实、走深，为构建人类命运共同体、造福人民作出贡献。

第二，要突出深化区域合作、提升区域开放水平的战略重点，将其作为提升中国在全球产业链位置及价值的中心环节。要推动自由贸易区的加快建设，打造以亚洲为中心区域、向全球发散的自由贸易网络。要加快实施自贸区战略和区域全面经济伙伴关系协定（RCEP）谈判，加强与韩国、日本、澳洲等地的自贸区建设方面的洽谈，深化与东盟自贸区建设的谈判，坚持合作开放、优势互补原则，实施市场多元化战略，形成较为完整的价值链体系。要充分利用世界经济贸易大国的地位，积极参与全球经济治理，努力成为国际经贸新规则的深度参与者和构建者，以提升中国在全球价值链重构中的话语权，促进国际经济秩序朝着平等公正、合作共赢的方向发展。

第三，要全面实施"引进来"和"走出去"战略。"引进来"与"走出去"是推动开放的最佳路径。在四十多年的改革开放历程中，我们通过实施这一战略，加强了与世界各国的密切合作，使自身发展有效融入全球的发展，分享世界经济发展的成果。外商直接投资的质量决定了技术、管理、营销等高端生产要素流动的程度，也是中国实现产业结构升级、参与和"被动"融入全球价值链的重要手段。而"走出去"则是利用全球生产要素与自身优势要素相结合的方式"主动"融入全球价值链分工体系的重要途径。通过"引进来"和"走出去"并举，加快中国产业在全球的布局，从而提高我们在全球价值链中的地位。要突出高质量发展的核心要义，在优化投资结构、提高引资质量上发力；鼓励和扶持有一定技术水平和经济实力的企业大胆走出去、参与国际竞争，推动双向投资和双向合作，打造平衡的贸易格局，为经济开放发展注入动力。

8.2.2 要实施加强制造业高质量发展的产业战略

1. 坚持创新驱动

中国的制造业在规模上已经处于国际领先地位，但是，规模并不能代表实力，要想真正成为制造业强国，中国还有很长的路要走。就轻工业来说，中国在国际竞争中采用的是不可持续的低成本战略，这种粗放式的增长策略，主要依靠的是降低内部管理成本、压低劳动力成本，与此同时，以资源的大量浪费和环境的破坏为代价，也就是伴随着极高的外部成本。由于存在先发优势，经济发达国家在工业制造业中占据了最为核心、前沿的技术和零部件生产，处于全球产业价值链的高端位置，而中国长期徘徊在中低端位置，向制高点的攀升显得尤为艰难。当前，中国的工业化道路已经走到中期，经过长期的积累和锻炼，无论是生产力水平、科技水平，还是基础设施，都取得了较大的进步，同时，经过供给侧结构性改革，供需关系也更加均衡、优化，这些都是中国制造业向产业链更高端迈进的有利条件。

工业品的加工生产过程具有精细化、迂回性和复杂化等特点，这也是其独特的技术路线所决定的，因此，单纯依靠扩大投资规模，很难在短时间内转化为有效生产力，甚至会导致相反结果，造成产品价格大幅下跌、产能过剩与浪费，最终导致经济利益受损，同时，还会受到国外的贸易抵制。所以，中国工业要强大，就要抛弃一味扩大投资的老路子，在精细化、清洁化、高端化上面持续发力，不断提升产业价值，向国际产业链高端迈进，成为真正的工业强国。

当下，中国在工业化的道路上迎来了崭新的发展阶段。与欧洲、美国、日本等国家和地区的技术差距在逐步缩小，这一事实带来两方面变化：首先，由于技术差距的缩小，像过去那样依靠模仿的道路不再适用；其次，在感受到威胁之后，发达国家开始采取一系列措施阻止中国进行模仿甚至超越。在这样的现实背景下，中国工业发展在平衡性、协调性、可持续性等方面所呈现出的问题更加凸显，这就继续通过创新与转型升级来加以解决。要改变过去模仿的老路子，走一条自主研发、拥有自主知识产权、构建独特技术优势的新路子。过去，中国专注于通过模仿、以更低成本的产品替代发达国家已有的产品，从而占据市场，但是，并没有在技术上进行研发和突破，因此，优势仅表现在低成本上，而这种策略越来越被证明是不可持续的，且利润空间极低。当市场接近饱和状态，我们也通过不断模仿接近发达国家的技术水平时，我们便失去了模仿的对象和标杆，发展开始面临困难和瓶颈。这时候，再通过扩大投资、低成本等战略就无法争夺市场。综上而言，必须进行创新，从技术的模仿者转变为技术的开发者和所有者，瞄准产业等高端和前沿，通过差异化竞争战略，创造自身不可替代的独特优势。

2. 集聚高端人才

中国制造业一方面要在激烈的国际竞争中保持已经取得的优势地位，另一方面还要向价值链的更高层迈进，要实现这两方面目标，都必须集聚一流的创新人才和创新要素。与其他要素相比，人才的集聚更加困难。人才流动受诸多因素影响，不仅包括工资水平等经济因素，还包括城市发展环境、配套服务，甚至人文环境等复杂因素。

从硬件看，首先，先进的实验设施、良好的科研条件，对工业研发和创新工作极为重要，即便有最顶尖的科技人才，若不能匹配以同样先进的科研条件和实验设备，高端人才的技术才能就无法施展，高端人才自然也不会留下来。其次，生活条件也是人才非常看重的方面，与普通劳动者相比，高端人才对生活品质要求更高，除了过硬的城市基础设施、医疗健康设施，同时要求便捷的交通和通信条件，能够使其始终处于与科技前沿密切接触的状态中。再次，高层次人才要求获得与其才能相匹配的待遇，由于人才流动性的增强，地区之间竞争的日益激烈，人才希望在住房、医疗、子女就学等方面都能得到较好的保障。

从软件方面考量，首先，优良的营商环境是首要的，没有开放包容的市场环境、便捷高效的行政审批环境，就无法实现先进要素的快速集聚。其次，一个地方知识产权保护体系的完善与否，也是人才考量的重要因素，没有有效的知识产权保护，创新成果不能得到及时有效的保护，人才就无法安心创新创业。再次，现代化的管理体制也是集聚人才的重要因素，高层次人才从事创新活动，需要自由的创意空间、宽松自由的交流环境，在服从客观规律的前提下，促进思想的充分碰撞，因此，对高层次人才的服务和管理需要采用现代化方法，促使人才发挥各自特长。

3. 提高劳动者技能和素质

随着国家经济整体的提档升级，人民的收入水平和消费水平也随之上升，招工难度越来越大，产业升级压力也越来越大。一方面，产业升级要求技术和文化水平较高的劳动者；另一方面，中国严重缺乏此类劳动者，而在农村却有大量文化素质较差、没有技术的剩余劳动力。为此，应该通过专业化的技能培训将这些农村劳动力转化为产业升级所需的技术工人。价值链越高环节所需的技术水平越高，对职业培训的要求也就越高，培训周期也就越长。所以，职业技术培训既要具备前瞻性又要具备灵活性。政府应该倡导终身学习理念，带动全民积极学习，同步发展学校教育、职业培训两种教育方式，将人才培育前置到规划阶段，促进教育与产业发展需求的有效对接。

单纯依靠政府的力量无法有效推动职业技术培训，还要充分调动民间力量的参与积极性。民营培训机构具有较好的灵活性和市场敏锐性，能够较好满足市场需求。对于个体而言，在获得收入之后，会为了获取更高水平的收入而主动付出一定的成本进行自我技能提升，这时候民营机构就可以发挥应有的作用。为了使民营培训机构更好发展，政府可以给予一定的政策优惠，例如减免税收等，以此引导更广泛的社会力量加入这个行业，集聚优质的教学资源。要通过采取适当措施引导资本向急缺的人才培训领域流动，针对未来3～5年紧缺的专业领域，给予一定的政策补贴，促使资本进入，一方面推动现有机构加速发展、扩大规模；另一方面引导其他机构开设响应培训内容。对于愿意进入公益性培训领域的要加大扶持力度、降低门槛型条件，促使社会资本踊跃参与校舍建设、教学管理、办学机制等方面的合作与交流。同时，政府应该积极促进企业开展创新转型，对招引高学历、高技能人才的企业给予一定补贴和奖励，鼓励企业留住人才。发达国家高度重视吸引高层次、高技能人才，鼓励此类人才的跨区域流动，中国应该采取相应措施，通过优化营商环境、降低人才流动成本等方式，将出国留学人才及国外的高学历、高技能人才吸引到国内，促进国内产业转型升级。

4. 提升价值链中间环节的服务质量

随着全球价值链的日臻完善，项目外包、离案外包等方式越来越成为制造业的重要选择，分工的不断细致化、上下游的逐步分离，这些都促使价值链的环节不断增多，涉及的服务也越来越多，相应的，最终产品中所蕴含的服务价值也就越来越大。基于此，首先，要着眼于服务提升，更加重视提高硬件投入力度，提升服务效能。在服务越来越被看重的今天，制造业企业普遍青睐于对专业服务的购买，将其视为提升竞争力的重要手段。因此，大力发展生产性服务业，提供优质服务，能够为制造业提升国际分工地位培育优势，发挥重要推动作用。例如，物流、通信、商业等服务业的兴起和完善，大大提升了制造业运输、信息沟通、商业服务的质量和效率，加速了全球价值链的运转。无论是物流的硬件设施，包括高速公路、铁路、水运、航空等，还是信息流的硬件设施，包括网络构建、区块链、互联网等，都需要不断加强，推动"三网融合"等跨网通信业务发展。要加强大型港口建设，使之能够适应全球化运输要求，引进更高效的港口管理和服务模式及设备，通过信息技术的使用和融合，打造"智慧港口"，高效整合物流、资金流和信息流，使港口运转效率快速提升（姚战琪，2015）。

对国外先进经验的学习和借鉴是我们提升生产性服务业服务质量的一条有效路径。与世界上一些经济强国相比，中国生产性服务业仍然处在相对落后的位置，发展起步晚、整体水平不高、结构不均衡等都是中国生产性服务业面临的普遍问题，这也直接导致中国制造业长期处于全球价值链的中低端，而很难向高端迈进。所以，应该通过向西方发达国家虚心学习，来逐渐缩小这种差距。首先，要"引进来"，创造开放、透明、公平的市场环境，吸引国内外资本主动投入生产性服务业，尤其重视吸引国外优秀生产性服务业，包括职业培训机构等到中国投资运营，为中国制造业提供专业化服务，同时促进国外生产性服务业与中国本土生产性服务业等交流合作，从而不断提升中国生产性服务业发展质量。其次，要"走出去"，对有条件的企业，鼓励其走出国门，开设分支机构，发展生产性服务业，以服务对象的高标准倒逼企业服务水平提升，逐步承接发达国家的服务业分工。

8.2.3 要优化投资结构，推动制造业价值链提升

在对外投资模式的变化有利于中国提升在全球价值体系中的位置，因此，应该把握机遇，以国际化视野制定和完善对外投资战略，将对外投资作为中国提升产业价值、推动价值链提升的重要动力。

1. 锁定新经济领域，全面优化对外投资结构

将投资从价值链低端向价值链高端转变，从劳动密集型向知识密集型转变，更加注重对服务业对投资。当前，中国对外投资仍然围绕资源开发、低端产品制造，而印度企业早于在知识、服务等经济领域进行发展。他们立足信息、生物、风电等前沿产业，通过并购、战略合作等多种形式与发达国家开展合作，同时推动了国内、国外两个市场的快速发展，以全球化发展战略，赢得了发展先机，塑造出一批能够与欧美发达国家匹敌的科技企业，包括米塔尔、塔塔咨询、InfoyS、Biocom 等。有鉴于此，中国应该向印度学习，调整对外投资导向，优先支持资本投向知识经济、服务经济等领域，培育一批能够与发达国家比肩的优秀企业，更多嵌入"微笑曲线"的中高端环节。

2. 优化海外市场布局，重塑全球价值链格局

立足于中国的产业优势，结合其他国家和地区经济发展特征，向着优化市场布局的方向引导对外投资，提升产业集聚化水平，逐步优化中国价值链体系。对中介组织、服务型平台加强引导，以中国香港贸易发

展局等机构为范式，建立一批对外投资服务平台，发挥对外投资的结构优化作用。要加大"中间品"投资力度，从而获取更多中间价值。由于中国属于两头在外的贸易形式，对中间品的依赖性强，造成了一定程度的贸易顺差转移和增值压缩。针对这一问题，可以大力发展中间品的海外投资，扩大市场规模，瞄准国际价值链的中端价值。

3. 培育一流的公司和品牌，促使价值链位置的直接提升

作为价值链的主体，跨国公司分享了全球价值链的大部分价值，其中，品牌是跨国公司存在的根本，也是持续发展的命脉。中国要想向价值链高端攀升，取得经济发展的主动权，乃至在价值链中占据最重要位置，就必须依靠一大批实力雄厚、品牌突出的跨国公司。所以，中国需要在提升企业经营能力、推动企业培育核心竞争力、加强技术研发、优化管理流程、创新商业模式等方面下功夫，同时促进企业积极参与国际合作、与国际企业竞争，只有这样，才能实现从贸易"大"国向贸易"强"国、从中国"制"造向中国"智"造的华丽转变，最终成为全球价值链不可或缺的参与者。

4. 立足全球商业优化战略、整合资源

对经济发展大势的把握和顺应，是中国制定对外投资战略的首要原则，在此基础上，确定符合中国实际的发展理念和战略。印度在经济全球化发展中，仅用20年的时间就实现了众多跨越性发展，我们应该积极学习。一方面，要充分利用好国内、国外两个市场，不可偏废；另一方面，要站在全球视野上，对资源进行统筹和整合，集聚全球有力要素，包括人才、知识、管理等，同步服务于国内市场和国外市场。在全球化视野指导下，不断优化对外投资策略，对投资领域和重点产业加以引导，发挥好综合协调作用，优化市场布局，持续提升海外产业集聚水平，强化对外投资协调能力，推动效益提升。

8.2.4 要加快"走出去"融入更高层次全球价值链分工体系

"走出去"是利用全球生产要素与自身优势要素相结合的方式主动融入全球价值链分工体系的重要途径。中国积极推动本土企业"走出去",更多地嵌入跨国公司全球价值链乃至进入某些高端环节有多种多样的选择,以整合和优化配置全球资源要素,在更高层次上融入全球价值链分工体系。

1. 转移和拓展现有价值链,加强资源整合

随着低成本时代的远去,中国制造业失去了原本的竞争优势,不得不面对劳动力成本上涨、资源枯竭、环节恶化等各方面的压力,一些劳动密集型产业甚至向别的国家转移。不难预见,在中国人均收入不断增加的背景下,中国的制造业也必然要像其他国家一样,开始在全球范围扩散和转移。长期来看,制造的过程完全依靠中国自己完成是不现实的,而要转向全球范围的合作,走"中国主导、全球合作"的道路。按照价值链分工原则,在对外投资模式的调整下,应该将一些工序、环节转移到海外,从而发展增值贸易及出料加工贸易,从而延伸价值链,带动全球资源整合,增加投资收益,同时,可以避免本土企业的空心化,保持中国的主导地位。

2. 借助多元化方式融入全球价值网络

以印度为例,他们的众多民营企业通过跨国并购、战略联盟等方式与发达国家建立高层次合作,从而顺利进入价值链高端,使技术、管理与国际最高水平接轨,实现自我的不断优化。当前,我们对外投资在快速增长,政府应该极大力度鼓励企业"走出去"。一方面,以并购、股权投资等方式吸引投资者,以此提高企业创新和经营管理水平;另一方面,

鼓励龙头企业与其他大型跨国公司建立合作联盟，在发展战略、经营管理等多方面进行合作，实现信息共享，并不断深化合作，从而提升中国企业在价值链中的地位。

3. 推动企业抱团，"走出去"优化全球产业布局

对于大型企业来说，"走出去"拓展海外市场相对容易，而对实力较弱的中小型企业而言，就需要联合起来，抱团"走出去"。为了帮助中小企业走出去，日本成立了综合商社，这个机构建立了庞大的市场信息网络，通过收集国际市场信息，对中小企业"走出去"进行详细的规划和分析，大大降低了企业"走出去"的风险和难度（刘样和等，2014），同时，进行必要的基础设施投入，为中小企业发展铺路。借鉴日本经验，中国业可以大力扶持"外贸综合服务企业"的发展，鼓励各个地区大胆尝试，帮助中小型企业走出去，让中小型企业也能够参与全球价值链，从而促进中小企业更好发展。此外，中国还应该充分利用好境外经贸合作区的作用，建设海外工业园区，形成海外产业集聚平台。

4. 优化企业供应链网络体系，提升价值链治理水平

鼓励实力较强的企业自主构建全球供应链体系，加强供应链的科学、高效管理，通过对商业流、信息流、资金流、物流等要素的统筹管理，有效降低企业生产经营成本、提高运转效率。此外，海外销售渠道的建立可以减少企业于客户联系的中间环节，降低因过度依赖中间商而存在的潜在风险。以供应链管理能力的提升，促进价值链治理能力的增强，从而提升定价权和话语权。政府应该鼓励国有企业在服务和管理领域推展海外投资，促进服务体系和商业模式的不断创新，推动企业经营管理水平提升。

8.3
研究不足及展望

　　本书的研究还有一些不足之处，具体包括：第一，由于数据获取的广度不够、更新不够及时，无法与价值链的变化情况完全匹配，导致研究结论可信度受限；第二，本书构建的实证模型主要针对中国制造业进入全球价值链的过程，而对在价值链内升级的过程缺乏相应研究。

　　因此，今后的研究工作可以从以下两个方向进行深入：其一，围绕国际分工地位跃升过程创建分析模型，针对制造业的各个细分行业领域进行量化处理，从而发现影响制造业位置变化的各因素之间的作用和协同机制；其二，持续深化改革开放进程，推动职业分类走向国际化，同时提高数据获取的时效性和准确性，为产业政策提供更有针对性的对策建议。

参 考 文 献

［1］曹明福、李树民：《全球价值链分工：从国家比较优势到世界比较优势》，载于《世界经济研究》2006 年第 11 期。

［2］曹明福、李树民：《全球价值链分工的利益来源：比较优势、规模优势和价格倾斜优势》，载于《中国工业经济》2005 年第 10 期。

［3］曹远征、于春海、阎衍：《新常态下中国宏观经济政策框架的重构》，载于《经济理论与经济管理》2016 年第 4 期。

［4］岑丽君：《中国在全球生产网络中的分工与贸易地位——基于 TiVA 数据与 GVC 指数的研究》，载于《国际贸易问题》2015 年第 1 期。

［5］陈爱贞、刘志彪：《以并购促进创新：基于全球价值链的中国产业困境突破》，载于《学术月刊》2016 年第 12 期。

［6］陈金勇、袁蒙菡、汤湘希：《研发投入就能提升企业的价值吗？——基于创新存量的检验》，载于《科技管理研究》2016 年第 36 期。

［7］陈明森、陈爱贞、张文刚：《升级预期、决策偏好与产业垂直升级——基于中国制造业上市公司实证分析》，载于《中国工业经济》2012 年第 2 期。

［8］程华、李晓菲、李冬琴等：《研发投入、技术能力与产出绩效关系的研究——基于帕维特产业分类的视角》，载于《中国科技论坛》2013 年第 1 期。

［9］程健、王奎倩：《全球价值链发展的新趋势及中国的应对之策》，载于《现代管理科学》2017 年第 7 期。

［10］戴翔、徐柳、张为付：《"走出去"如何影响中国制造业攀升全球价值链？》，载于《西安交通大学学报（社会科学版）》2018 年第2 期。

［11］戴翔、张为付：《全球价值链、供给侧结构性改革与外贸发展方式转变》，载于《经济学家》2017 年第 1 期。

［12］邓丽娜：《FDI、国际技术溢出与中国制造业产业升级研究》，山东大学博士学位论文，2015 年。

［13］段世德、王跃生：《中国对美出口贸易利益获取研究——基于全球价值链视角》，载于《经济科学》2019 年第 3 期。

［14］高翔、黄建忠、袁凯华：《价值链嵌入位置与出口国内增加值率》，载于《数量经济技术经济研究》2019 年第 6 期。

［15］高越、高峰：《垂直专业化分工及中国的分工地位》，载于《国际贸易问题》2005 年第 3 期。

［16］郭澄澄：《全球价值链视角下中国制造业与生产性服务业协同机制及实证研究》，上海社会科学院学位论文，2019 年。

［17］韩明华、陈汝丹：《中国中小制造企业全琼价值链升级的影响因素研究——基于浙江的实证分析》，载于《华东经济管理》2014 年第9 期。

［18］何强、刘涛：《中国生产性服务业与制造业协同发展研究》，载于《调研世界》2017 年第 10 期。

［19］何枭吟、王晗：《第四次工业革命视域下全球价值链的发展趋势及对策》，载于《企业经济》2017 年第 6 期。

［20］胡浩然、李坤望：《企业出口国内附加值的政策效应：来自加工贸易的证据》，载于《世界经济》2019 年第 7 期。

［21］胡昱：《产业升级路径选择：循序演进与跳跃发展》，载于《东岳论丛》2011 年第 12 期。

［22］黄鹏、汪建新、孟雪：《经济全球化再平衡与中美贸易摩擦》，

载于《中国工业经济》2018 年第 10 期。

[23] 黄先海、诸竹君、宋学印：《中国中间品进口企业"低加成率之谜"》，载于《管理世界》2016 年第 7 期。

[24] 赖伟娟、钟姿华：《中国与欧、美、日制造业全球价值链分工地位的比较研究》，载于《世界经济研究》2017 年第 1 期。

[25] 黎峰：《国际分工新趋势与中国制造全球价值链攀升》，载于《江海学刊》2019 年第 3 期。

[26] 黎降：《全球价值链下的国际分王地化内涵及影响因素》，载于《国际经贸探索》2015 年第 9 期。

[27] 李丹、董琴：《全球价值链重构与"引进来""走出去"的再思考》，载于《国际贸易》2019 年第 9 期。

[28] 李国学、何帆：《全球生产网络的性质》，载于《财经问题研究》2008 年第 9 期。

[29] 李宏艳、王岚：《全球价值链视角下的贸易利益：研究进展述评》，载于《国际贸易问题》2015 年第 5 期。

[30] 李建军、孙慧：《融入全球价值链提升"中国制造"的国际分工地位了吗？》，载于《内蒙古社会科学（汉文版）》2016 年第 2 期。

[31] 李俊久、丘俭裕、何彬：《文化距离、制度距离与对外直接投资——基于中国对"一带一路"沿线国家 OFDI 的实证研究》，载于《武汉大学学报（哲学社会科学版）》2020 年第 1 期。

[32] 李平、狄辉：《产业价值链模块化重构的价值决定研究》，载于《中国工业经济》2006 年第 9 期。

[33] 李献宾、江心英：《全球价值链理论研究综述》，载于《商业时代》2010 年第 11 期。

[34] 李奕：《全球价值链的喷泉机制》，载于《湖南社会科学》2016 年第 5 期。

[35] 李雨：《全球价值链视角下中国电子及通信设备制造业升级研

究》，华中科技大学学位论文，2011 年。

［36］林学军、官玉霞：《以全球创新链提升中国制造业全球价值链分工地位研究》，载于《当代经济管理》2019 年第 11 期。

［37］林毅夫、李永军：《比较优势、竞争优势与发展中国家的经济发展》，载于《管理世界》2003 年第 7 期。

［38］刘爱萍：《区域产业结构模式的当代转型与中国产业战略调整——以亚太地区产业转型为考察对象》，载于《求索》2013 年第 5 期。

［39］刘丹、陈冰：《增强生产性服务业对制造业外溢效应的外部因素》，载于《技术经济》2015 年第 11 期。

［40］刘佳斌：《辽宁装备制造业实现全球价值链地位提升的路径研究》，辽宁大学学位论文，2018 年。

［41］刘磊、步晓宁、张猛：《全球价值链地位提升与制造业产能过剩治理》，载于《经济评论》2018 年第 7 期。

［42］刘琳：《中国参与全球价值链的测度与分析——基于附加值贸易的考察》，载于《世界经济研究》2015 年第 6 期。

［43］刘梦、戴翔：《价值链贸易如何驱动经济增长——基于全球投入产出机制的新解释》，载于《国际贸易问题》2019 年第 7 期。

［44］刘鹏、夏炎、刘得格：《全球价值链视角下中国对外依存程度分析》，载于《中国管理科学》2019 年第 5 期。

［45］刘巍、申伟宁：《自由贸易试验区视角下中国攀升全球价值链面临的问题与路径》，载于《河北大学学报（哲学社会科学版)》2019 年第 4 期。

［46］刘维林、李兰冰、刘玉海："The Dual Effects of Global Value Chain Embeddedness on Chinese Exports' Technological Sophistication", *China Economist*, Vol. 10, No. 1, 2015, pp. 58 – 72.

［47］刘样和、曹瑜强：《"金砖四国"分工地位的测度研究——基于行业上游度的视角》，载于《国际经贸探索》2014 年第 6 期。

［48］刘玉荣、刘芳：《制造业服务化与全球价值链提升的交互效应——基于中国制造业面板联立方程模型的实证研究》，载于《现代经济探讨》2018 年第 9 期。

［49］刘兆国：《全球价值链视角下中日制造业双边贸易增加值分解分析》，载于《现代日本经济》2019 年第 4 期。

［50］刘遵义等：《非竞争型投入占用产出模型及其应用——中美贸易顺差透视》，载于《中国社会科学》2007 年第 5 期。

［51］卢锋：《产品内分工》，载于《经济学（季刊）》2004 年第 4 期。

［52］卢进勇、陈静、王光：《加快构建中国跨国公司主导的跨境产业链》，载于《国际贸易》2015 年第 4 期。

［53］罗伟、吕越：《外商直接投资对中国参与全球价值链分工的影响》，载于《世界经济》2019 年第 5 期。

［54］吕越、吕云龙：《全球价值链嵌入会改善制造业企业的生产效率吗？——基于双重稳健—倾向得分加权估计》，载于《财贸经济》2016 年第 3 期。

［55］吕越、吕云龙：《中国参与全球价值链的环境效应分析》，载于《中国人口·资源与环境》2019 年第 7 期。

［56］马述忠、张洪胜、王笑笑：《融资约束与全球价值链地位提升——来自中国加工贸易企业的理论与证据》，载于《中国社会科学》2017 年第 1 期。

［57］马盈盈：《服务贸易自由化与全球价值链：参与度及分工地位》，载于《国际贸易问题》2019 年第 7 期。

［58］马云俊：《产业转移、全球价值链与产业升级研究》，载于《技术经济与管理研究》2010 年第 4 期。

［59］毛蕴、吴瑶：《企业升级路径与分析模式研究》，载于《中山大学学报（社会科学版）》2009 年第 1 期。

［60］倪红福：《全球价值链中产业"微笑曲线"存在吗？——基于增加值平均传递步长方法》，载于《数量经济技术经济研究》2016 年第 11 期。

［61］齐俊妍、聂燕峰、张恺：《不同形式 NEM 对东道国 GVC 地位的差异性影响——基于 Koopman GVC 地位指数的实证检验》，载于《世界经济研究》2016 年第 12 期。

［62］乔小勇、王耕、李泽怡：《全球价值链国内外研究回顾——基于 SCI/SSCI/CSSCI 文献的分析》，载于《亚太经济》2017 年第 1 期。

［63］乔小勇、王耕、朱相宇、刘海阳：《全球价值链嵌入的制造业生产分工、价值增值获取能力与空间分异》，载于《中国科技论坛》2018 年第 8 期。

［64］秦升：《全球价值链治理理论：回顾与展望》，载于《国外理论动态》2014 年第 12 期。

［65］容金霞、顾浩：《全球价值链分工地位影响因素分析——基于各国贸易附加值比较的视角》，载于《国际经济合作》2016 年第 5 期。

［66］尚涛：《全球价值链与中国制造业国际分工地位研究——基于增加值贸易与 Koopman 分工地位指数的比较分析》，载于《经济学家》2015 年第 4 期。

［67］邵安菊：《全球价值链重构与中国产业跃迁》，载于《宏观经济管理》2016 年第 2 期。

［68］苏庆义、高凌云：《全球价值链分工位置及其演进规律》，载于《统计研究》2015 年第 12 期。

［69］孙治宇：《全球价值链分工与价值链升级研究》，经济科学出版社 2013 年版。

［70］汤碧、陈莉莉：《全球价值链视角下的中国加工贸易转型升级研究》，载于《国际经贸探索》2012 年第 10 期。

［71］唐海燕、张会清：《产品内国际分工与发展中国家的价值链提

升》，载于《经济研究》2009 年第 9 期。

［72］唐卫红：《全球价值链嵌入位置与技术创新关系研究》，载于《产业创新研究》2019 年第 5 期。

［73］唐卫红：《全球价值链视角下中国制造业升级契机选择——以天津为例》，载于《企业经济》2019 年第 6 期。

［74］唐晓华、高鹏：《全球价值链视角下中国制造业企业海外并购的动因与趋势分析》，载于《经济问题探索》2019 年第 3 期。

［75］唐宜红、张鹏杨：《中国企业嵌入全球价值链的位置及变动机制研究》，载于《管理世界》2018 年第 5 期。

［76］佟家栋、谢丹阳、包群等：《"逆全球化"与实体经济转型升级笔谈》，载于《中国工业经济》2017 年第 6 期。

［77］屠年松、曹宇芙：《知识产权保护对服务业全球价值链地位的影响研究——基于 OECD 国家面板数据的实证研究》，载于《软科学》2019 年第 6 期。

［78］王岚：《全球价值链嵌入与贸易利益：基于中国的实证分析》，载于《财经研究》2019 年第 7 期。

［79］王良举、王永培、梁云：《企业的异质性会否影响其区位选择——来自中国制造业数据的实证分析》，载于《现代财经（天津财经大学学报)》2017 年第 12 期。

［80］王思语、郑乐凯：《全球价值链嵌入特征对出口技术复杂度差异化的影响》，载于《数量经济技术经济研究》2019 年第 5 期。

［81］王团委：《区域经济对产业集群嵌入全球价值链升级策略研究》，载于《中国乡镇企业会计》2019 年第 6 期。

［82］王小明：《中国汽车产业升级发展路径及对策研究——基于全球价值链视角》，载于《财经问题研究》2014 年第 11 期。

［83］王孝松、刘元春：《出口管制与贸易逆差——以美国高新技术产品对华出口管制为例》，载于《国际经贸探索》2017 年第 1 期。

［84］王岩：《全球价值链分工背景下中国制造业地位提升研究》，辽宁大学学位论文，2019年。

［85］王玉燕、林汉川、吕臣：《全球价值链嵌入的技术进步效应——来自中国工业面板数据的经验研究》，载于《中国工业经济》2014年第9期。

［86］王直、魏尚进、祝坤福：《总贸易核算法：官方贸易统计与全球价值链的度量》，载于《中国社会科学》2015年第9期。

［87］邢彦、张慧颖：《生产性服务业FDI与制造业出口技术进步——基于知识产权保护的门槛效应》，载于《科学学与科学技术管理》2017年第8期。

［88］许和连、成丽红、孙天阳：《制造业投入服务化对企业出口国内增加值的提升效应——基于中国制造业微观企业的经验研究》，载于《中国工业经济》2017年第10期。

［89］阳立高、龚世豪、王铂等：《人力资本、技术进步与制造业升级》，载于《中国软科学》2018年第1期。

［90］阳立高、谢锐、贺正楚、韩峰、孙玉磊：《劳动力成本上升对制造业结构升级的影响研究——基于中国制造业细分行业数据的实证分析》，载于《中国软科学》2014年第12期。

［91］杨连星、罗玉辉：《中国对外直接投资与全球价值链升级》，载于《数量经济技术经济研究》2017年第6期。

［92］姚战琪：《全球价值链背景下中国服务业的发展战略及重点领域——基于生产性服务业与产业升级视角的研究》，载于《国际贸易》2014年第7期。

［93］姚战琪：《全球价值链视角下中国工业和服务业"走出去"存在的主要问题及原因剖析》，载于《国际贸易》2015年第3期。

［94］姚战琪：《制造业服务化对中国制造业参与全球价值链的影响》，载于《哈尔滨工业大学学报（社会科学版）》2019年第4期。

［95］叶莉莉、杨君：《全球价值链嵌入、研发强度与制造业供给质量提升》，载于《浙江理工大学学报（社会科学版）》2019 年第 4 期。

［96］尹伟华：《中国制造业参与全球价值链的程度与地位》，载于《经济与管理研究》2015 年第 8 期。

［97］尹伟华：《中美服务业参与全球价值链分工程度与地位分析：基于最新世界投入产出数据库》，载于《世界经济研究》2017 年第 9 期。

［98］尹伟华：《中日制造业参与全球价值链分工模式及地位分析》，载于《经济理论与经济管理》2016 年第 5 期。

［99］于明远：《中国制造业技术创新与国际竞争力的实证分析》，载于《经济与管理研究》2014 年第 12 期。

［100］袁平红：《全球价值链变化及中国应对策略》，载于《贵州省党校学报》2016 年第 5 期。

［101］张二震、方勇：《要素分工与中国开放战略的选择》，载于《南开学报（哲学社会科学版）》2005 年第 6 期。

［102］张辉：《全球价值链理论与中国产业发展研究》，载于《中国工业经济》2004 年第 5 期。

［103］张杰、陈志远、刘元春：《中国出口国内附加值的测算与变化》，载于《经济研究》2013 年第 10 期。

［104］张茉楠、蔡松峰：《美国税改对中国及全球经济的影响与对策》，载于《全球化》2018 年第 2 期。

［105］张天顶：《价值链活动、生产率与中国企业"走出去"》，载于《亚太经济》第 2018 年第 1 期。

［106］张翼、周美霖：《中国劳动生产率提升：增速快但不容歇脚》，载于《光明日报》2016 年 9 月 18 日。

［107］张幼文：《开放型发展新时代：双向投资布局中的战略协同》，载于《探索与争鸣》2017 年第 7 期。

［108］赵登峰、牛芳、曹秋静：《中国出口产业在全球价值链中的地

位——来自增加值贸易的证据》，载于《深圳大学学报（人文社会科学版）》2014 年第 6 期。

［109］赵丽娟、王核成：《制造企业转型升级的战略风险形成机理及战略模式选择》，载于《科技进步与对策》2012 年第 29 期。

［110］赵囡囡、卢进勇：《FDI 与外包的技术溢出效应比较——中国制造业产品内分工的东道国视角》，载于《国际商务研究》2012 年第 3 期。

［111］周申：《贸易自由化对中国工业劳动需求弹性影响的经验研究》，载于《世界经济》2006 年第 2 期。

［112］周升起、兰珍先、付华：《中国制造业在全球价值链国际分工地位再考察——基于 Koopman 等的"GVC 地位指数"》，载于《国际贸易问题》2014 年第 2 期。

［113］周旭：《政府补贴对企业研发投资的影响研究》，大连理工大学学位论文，2013 年。

［114］朱瑞庭、尹卫华：《全球价值链视阈下中国零售业国际竞争力及政策支撑研究》，载于《商业经济与管理》2014 年第 9 期。

［115］Alassa B，*Trade Liberalization and Revealed Comparative Advantage*，The Manchester School，No. 33，1965，pp. 99 – 123.

［116］Antràs P，Chor D，Fally T，et al. ，"Measuring the Upstreamness of Production and Trade Flows"，*American Economic Review*，Vol. 102，No. 3，2012，pp. 412 – 416.

［117］Berger S，Kurz C，Sturgeon T，et al，"Globalization，Production Networks，and National Models of Capitalism-On the Possibilities of New Productive Systems and Institutional Diversity in an Enlarging Europe"，*SOFI – Mitteilungen*，Vol. 29，2001，pp. 59 – 72.

［118］Campa J M，Goldberg L S，"Multinational Firms，Competition，and Productivity in Host – country Markets"，*Economics*，Vol. 41，No. 162，1997，pp. 176 – 193.

［119］ Chor D, "Organizing the Global Value Chain", *Econometrica*, Vol. 81, No. 6, 2014, pp. 2127 – 2204.

［120］ Ernst D, "Global Production Networks in East Asia's Electronics Industry and Upgrading Perspectives in Malaysia", *Economics Study Area Working Papers*, 2002, pp. 149 – 162.

［121］ Fally T, *On the Fragmentation of Production in the US*, University of Colorado – Boulder, Mimeo, 2011.

［122］ Gereffi G, Humphrey J, Sturgeon T, "The Governance of Global Value Chain: An Analytic Framework", *Paper Presented at the Bellagio Conference on Global Value Chains*, Vol. 4, 2003, pp. 35 – 38.

［123］ Gereffi G, Humphrey J, "The Governance of Global Value Chains", *Global Value Chain Initiative*, 2003, p. 12.

［124］ Gereffi G, "A Commodity Chains Framework for Analyzing Global Industries", Working Paper for IDS, 1999, pp. 37 – 41.

［125］ Gereffi G, "Development Models and Industrial Upgrading in China and Mexico", *European Sociological Review*, Vol. 25, No. 1, 2009, pp. 37 – 51.

［126］ Gereffi G, "Shifting Governance Structures in Global Commodity Chains, with Special Reference to the Internet", *American Behavioral Scientist*, Vol. 44, No. 10, 2001, pp. 1616 – 1637.

［127］ Gereffi G, "The Organization of Buyer – driven Global Commodity Chains: How US Retailers Shape Overseas Production Networks", *Commodity Chains and Global Capitalism*, 1994, pp. 17 – 95.

［128］ Giuliani E, Pietrobelli C, Rabellotti R, "Upgrading in Global Value Chains: Lessons from Latin American Clusters", *World Development*, Vol. 33, No. 4, 2005, pp. 549 – 573.

［129］ Harris R I, Li Q C, "The Determinants of Firm Exit from Exporting：Evidence for the UK", *International Journal of the Economics of Business*, Vol. 18, No. 3, 2011, pp. 381 – 397.

[130] Hummels D, Ishii J, Yi K M, "The Nature and Growth of Vertical Specialization in World Trade", *Journal of International Economics*, Vol. 54, No. 1, 2001, pp. 75 – 96.

[131] Hummels J, Schmitz H, "Chain Governance and Upgrading：Taking Stock in Schmitz", *Local Enterprises in the Global Economy*, Vol. 10, 1999, pp. 349 – 381.

[132] John H, Hubert S, "How Does Insertion in Global Value Chains Affect Upgrading in Industrial Clusters?", *Regional Studies*, Vol. 36, No. 9, 2002, pp. 1017 – 1027.

[133] Johnson R C, Noguera G, "Accounting for Intermediates：Production Sharing and Trade in Value Added", *Journal of International Economics*, Vol. 86, No. 2, 2012, pp. 224 – 236.

[134] Kaplinsky R, Morris M, "A Handbook for Value Chain Research", International Development Research Centre, Vol. 1, 2001.

[135] Kogut B, Chang S J, *Technological Capabilities and Japanese Direct Investment Into the United States*, US – Japan Management Studies Center, Warton School of the University of Pennsylvania, 1990.

[136] Kogut B, *Designing Global Strategies：Comparative and Competitive Value – Added Chains*, 1985, pp. 15 – 28.

[137] Koopman R B, Wang Z, Wei S, "Tracing Value – added and Double Counting in Gross Exports", *The American Economic Review*, Vol. 104, No. 2, 2014, pp. 459 – 494.

[138] Koopman R, Powers W, Wang Z, et al., "Give Credit Where Credit is Due：Tracing Value Added in Global Production Chains", National Bureau of Economic Research, Inc., 2011.

［139］ Krugman P, "A Model of Innovation, Technology Transfer, and the World Distribution of Income", *Journal of Political Economy*, Vol. 87, No. 2, 1979.

［140］ Leontief W, "Quantitative Input and Output Relations in the Economic Systems of the United States", *The Review of Economics and Statistics*, No. 18, 1936, pp. 100 – 125.

［141］ Los B, Timmer M P, Vries G J, "How Important are Exports for Job Growth in China? A Demand Side Analysis", *Journal of Comparative Economics*, Vol. 1, 2015, pp. 19 – 32.

［142］ Macpherson A, "Producer Service Linkages and Industrial Innovation: Results of a Twelve – Year Tracking Study of New York State Manufacturers", *Growth and Change*, Vol. 39, No. 1, 2008, pp. 1 – 23.

［143］ Porter, *Competitive Advantage: Creating and Sustaining Superior Performance*, 1996, p. 557.

［144］ Shin W, Ahn D, "Trade Gains from Legal Rulings in the WTO Dispute Settlement System", *World Trade Review*, Vol. 1, 2018, pp. 1 – 31.

［145］ Tang C F, Yip C Y, Ozturk I, "The Determinants of Foreign Direct Investment in Malaysia: A Case for Electrical and ElectronicIndustry", *Economic Modelling*, Vol. 12, 2014, pp. 287 – 292.

［146］ Timmer M P, Erumban A A, Los B, et al., "Slicing Up Global Value Chains", *The Journal of Economic Perspectives*, Vol. 28, No. 20, 2014, pp. 99 – 118.

［147］ UNIDO, *Industrial Development Report* 2002/2003: *Competing through Innovation and Learning*, United Nations Industrial Development Organization, 2003.

［148］ UNIDO, *Industry and Development Global Report*, 1995, pp. 55 – 62.

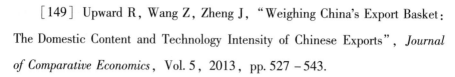

［149］ Upward R, Wang Z, Zheng J, "Weighing China's Export Basket: The Domestic Content and Technology Intensity of Chinese Exports", *Journal of Comparative Economics*, Vol. 5, 2013, pp. 527 – 543.

［150］ Vries G J, Fostermcgregor N, Stehrer R, "Value Added and Factors in Trade: A Comprehensive Approach", WIOD Working Paper, No. 7, 2012, pp. 1 – 22.

［151］ Wang Z, Wei S, Zhu K, "Quantifying International Production Sharing at the Bilateral and Sector Levels", NBER Working Paper, No. 19677, 2013.

后　记

有人说，"所谓成长，就是逼着你一个人，踉踉跄跄地受伤，跌跌撞撞的坚强"，仿佛昨天我还是那个背着书包踏进校园的小姑娘，一转眼已过而立之年。想抱一抱，那个曾经在暗夜中兵荒马乱的自己，那些曾经以为熬不过去的时刻，自己都一次又一次挺过来。回首过去的岁月，一路艰辛，一路成长，一路收获。一路走来，需要感恩的人太多太多，感恩生命，感恩生命中的每一个人，感恩生命中的每一次遇见、每一次成长。

感谢母校，在舜耕路40号这片校园，我完成了从本科、硕士到博士的求学历程。母校也见证了我从未满18周岁到而立之年的蜕变成长过程，在这里我遇见了令我受益终身的恩师们，也收获了生命中值得珍重一生的友谊。感恩母校，让我有幸能够留校任教，我常常惶恐，更多的是战战兢兢，担心自己学识不够能力有限。就像一位老师写到的那样：从做学生的第一天起，我期望的老师就是"学识渊博、人品高尚、课堂有趣、思想深邃"的传道者；从做教师的第一天起，我就希望成为这样的人，并为之一直努力着。

感恩我的父母，给予我生命，含辛茹苦把我养大，父母始终注重言传身教对孩子的影响，对我的教诲说的很少、做的很多。从父母身上，我看到了他们对于工作的勤恳与奉献、对于老人的尊敬与孝顺、对于爱人的理解和支持、对于亲人的关爱和扶持、对于朋友的真诚与帮助，这些优秀的品质指引着我一路努力、一路感恩。

感恩所有爱我及我爱的人，感谢你们陪伴我走过人生每一段或艰难，或开心，或沮丧，却又最幸福的时光。

杨　启

2023 年 10 月于舜耕路 40 号

图书在版编目（CIP）数据

中国制造业参与全球价值链分工地位动态变化及影响
因素研究/杨启著． ——北京：经济科学出版社，2023.10
ISBN 978 – 7 – 5218 – 5286 – 8

Ⅰ.①中… Ⅱ.①杨… Ⅲ.①制造工业 – 国际分工 –
研究 – 中国 Ⅳ.①F426.4

中国国家版本馆 CIP 数据核字（2023）第 202505 号

责任编辑：初少磊　尹雪晶
责任校对：王苗苗
责任印制：范　艳

中国制造业参与全球价值链分工地位动态变化及影响因素研究
杨　启/著

经济科学出版社出版、发行　新华书店经销
社址：北京市海淀区阜成路甲 28 号　邮编：100142
总编部电话：010 – 88191217　发行部电话：010 – 88191522
网址：www.esp.com.cn
电子邮箱：esp@ esp.com.cn
天猫网店：经济科学出版社旗舰店
网址：http://jjkxcbs.tmall.com
北京季蜂印刷有限公司印装
710 × 1000　16 开　13 印张　174000 字
2023 年 10 月第 1 版　2023 年 10 月第 1 次印刷
ISBN 978 – 7 – 5218 – 5286 – 8　定价：52.00 元
（图书出现印装问题，本社负责调换。电话：010 – 88191510）
（版权所有　侵权必究　打击盗版　举报热线：010 – 88191661
QQ：2242791300　营销中心电话：010 – 88191537
电子邮箱：dbts@ esp.com.cn）